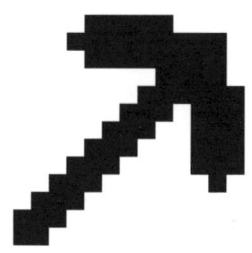

图书在版编目（CIP）数据

我的世界探索指南 / 艾阁萌（英国）有限公司著；童趣出版有限公司编译. -- 北京：人民邮电出版社，2018.1
　　ISBN 978-7-115-47056-0

Ⅰ.①我… Ⅱ.①艾… ②童… Ⅲ.①智力游戏—少儿读物 Ⅳ.①G898.2

中国版本图书馆CIP数据核字（2017）第242286号

著作权合同登记号　图字：01-2017-7166

First published in Great Britain 2017, by Egmont UK Limited
The Yellow Building, 1 Nicholas Road
London W11 4AN

Written by Stephanie Milton
Additional material by Marsh Davies and Owen Jones
Designed by Andrea Philpots and John Stuckey
Illustrations by Ryan Marsh
Cover designed by John Stuckey
Cover illustration by Ninni Landin
Production by Louis Harvey and Laura Grundy
Special thanks to Lydia Winters, Owen Jones, Junkboy, Martin Johansson, Marsh Davies and Jesper Öqvist

© 2017 Mojang AB and Mojang Synergies AB. MINECRAFT is a trademark or registered trademark of Mojang Synergies AB.

All rights reserved.

MOJANG

我的世界**探索指南**

文字翻译：天工开物 RMC
策划编辑：冯　莉
责任编辑：孙　洋
封面设计：韩木华
排版制作：北京卡古鸟艺术设计有限责任公司

编译：童趣出版有限公司
出版：人民邮电出版社
地址：北京市丰台区成寿寺路11号邮电出版大厦（100164）
网址：www.childrenfun.com.cn

读者热线：010-81054177
经销电话：010-81054120

印刷：北京宝隆世纪印刷有限公司
开本：889×1194　1/32
印张：3
字数：100千字
版次：2018年1月第1版　2024年2月第19次印刷
书号：ISBN 978-7-115-47056-0
定价：38.00元

版权所有，侵权必究。如发现质量问题，请直接联系读者服务部：010-81054177。

↗ 探索指南

童趣出版有限公司编译　人民邮电出版社出版
北　京

目录

序言 ·· 5
技术相关 ·· 6–11
图例 ·· 12–13
游戏入门须知 ·· 14–15

1　我的世界地形

生物群系 ·· 18–27
天然生成结构 ·· 28–37

2　生物

被动生物 ·· 40–47
中立生物 ·· 48–51
敌对生物 ·· 52–65

3　生存

你的第一天 ··· 68–71
你的第二天 ··· 72–73
生命和食物 ··· 74–79
建立自己的农场 ·· 80–83
采矿 ·· 84–87
战斗 ·· 88–89
升级你的庇护所 ·· 90–91
导航 ·· 92–93
终篇寄语 ·· 94–95

序言

欢迎阅读官方《探索指南》！自从《我的世界》中加入了生存模式，世界各地的玩家已经经历了数百万次激动人心的冒险旅程。尽管在创造模式下能享受无限资源带来的乐趣，但我认为经过自食其力，从《我的世界》中获取材料并完成建造时的满足感是无与伦比的。

我们已将多年积累的知识和经验归纳进了这本指南。无论是千奇百怪的生物群系，以及每个群系中林林总总的逸闻趣事，还是旅途中可能遭遇的各类生物和生存发展必备的重要资源，这里的一切都静候你的来临。

请鼓起勇气，尽情享受探索的乐趣吧！

欧文·琼斯
MOJANG 团队

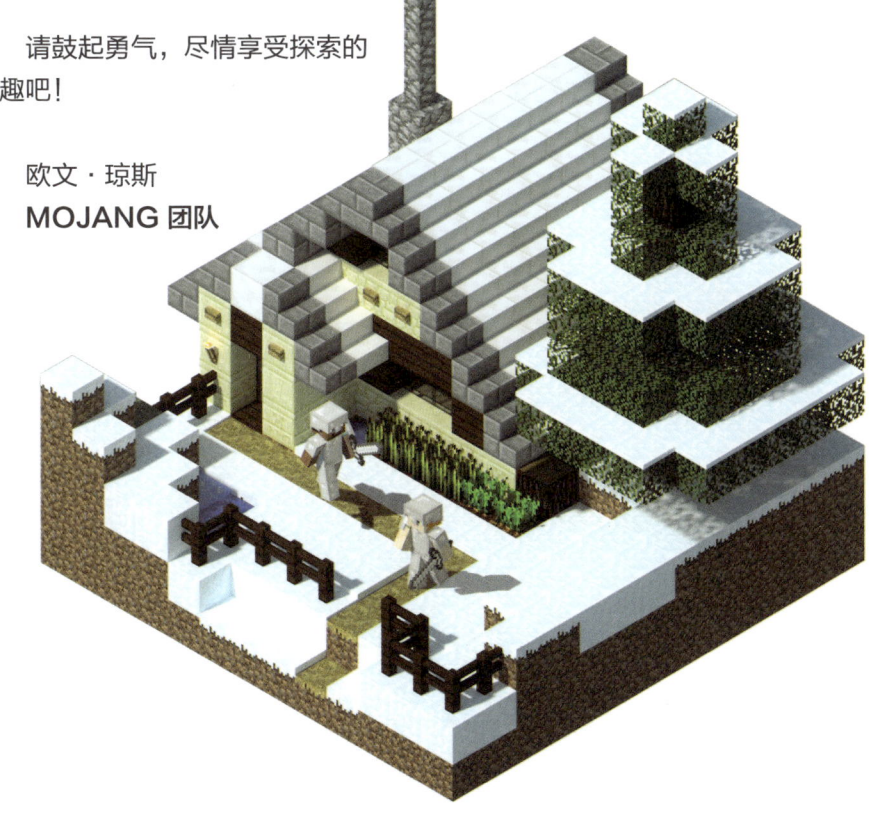

技术相关

在你首次开始游戏之前，需要先决定自己想怎样玩这个游戏。你是更倾向于独自冒险还是和朋友们共同玩耍，哪种游戏模式更符合你的需求，本页的内容将会为你提供帮助。

版本

《我的世界》可以在多个不同的平台上运行。因此，无论你想在何时何地进行游戏，总有一个版本适合你。

单人游戏、多人游戏或官方服务器

一旦你选好了平台,就可以决定自己想进行怎样的冒险了。是独自探索还是和朋友一同游戏,是开启新的世界或是在别人设计好的地图里游玩,这些都任凭你来选择。

单人游戏是《我的世界》最初的默认模式。如果比起团队协作,你更希望孤身一人挑战《我的世界》,这种模式就能满足你的需求。

如果你想要和朋友们在同一个网络中共享冒险的经历,多人游戏正是不二之选。这需要其中一人架设局域网游戏来让其他玩家连入。

有些版本支持《我的世界》Realms(官方公共服务器)——Mojang官方提供的服务器租用服务。它绝对安全——只有收到邀请的人才能加入你的服务器。

游戏模式

最后,有几种不同的游戏模式可供选择,每种模式具备不同的难度。

> **MOJANG 逸闻**
>
> 当生存模式首次添加到《我的世界》中时,Jeb还有些信心不足,不过现在这毫无疑问是他最喜欢的游戏方式!

生存模式

选择生存模式你就能享受与敌对的怪物战斗,以及为生存而收集材料的乐趣。你将需要填饱肚子,还会随着游戏的进行获得经验和等级。

创造模式

在创造模式中,你将从敌对生物中解脱出来,上天入地、破石开山,简直无所不能。同时你还可以尽情享用物品栏中无限的资源,创造各种奇妙的建筑。

极限模式

如果你选择极限模式,游戏的难度将被锁定在困难,而且你的生命只有一次。如果你死亡了,那么游戏也将彻底结束——这个世界的存档会被删除,你将不得不从头开始。

和平模式

你在生存模式中也可以选择和平难度。你仍然需要收集并合成生存所需的材料,但是不会有敌对生物出现,而且你的生命值也会再生。

控制

　　当你选完版本之后,请阅读接下来的几页让自己熟悉基本操作。如果在游戏过程中遇到困难,你也可以回看这几页来寻求帮助。

电脑版控制说明

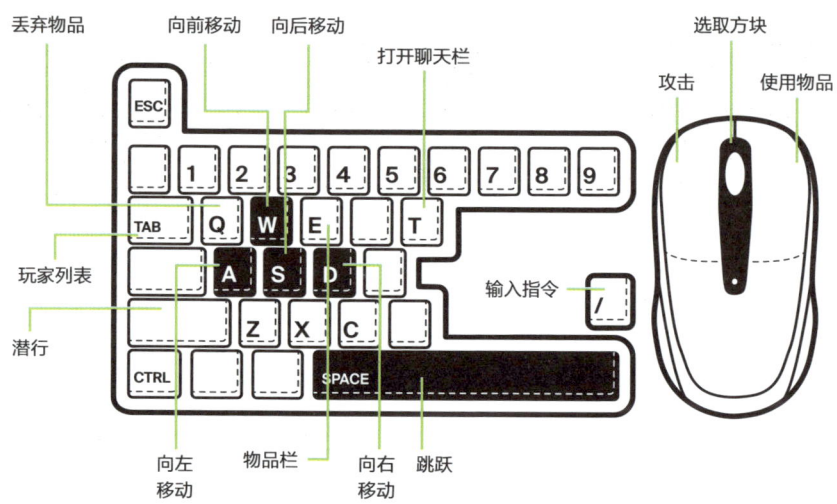

携带版控制说明

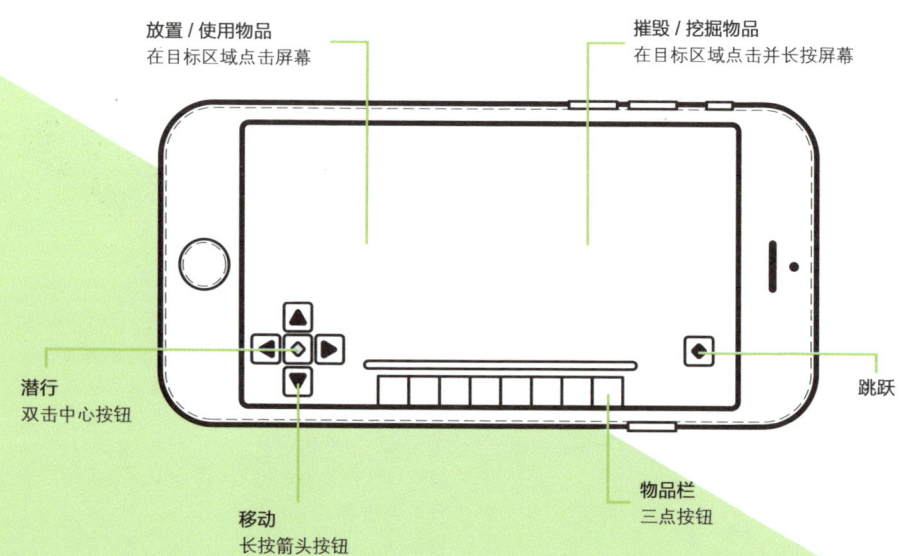

PlayStation 版控制说明

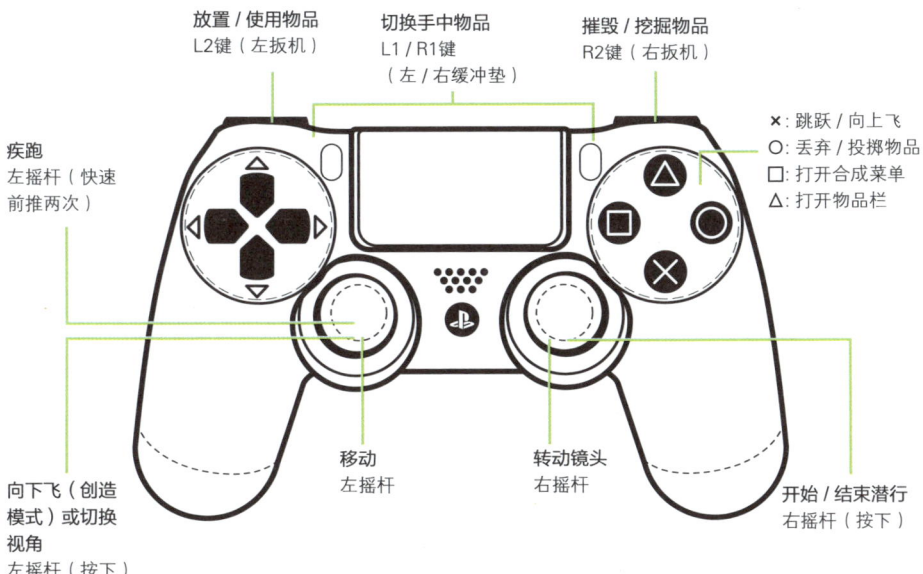

Xbox 版控制说明

PlayStation VITA 版控制说明

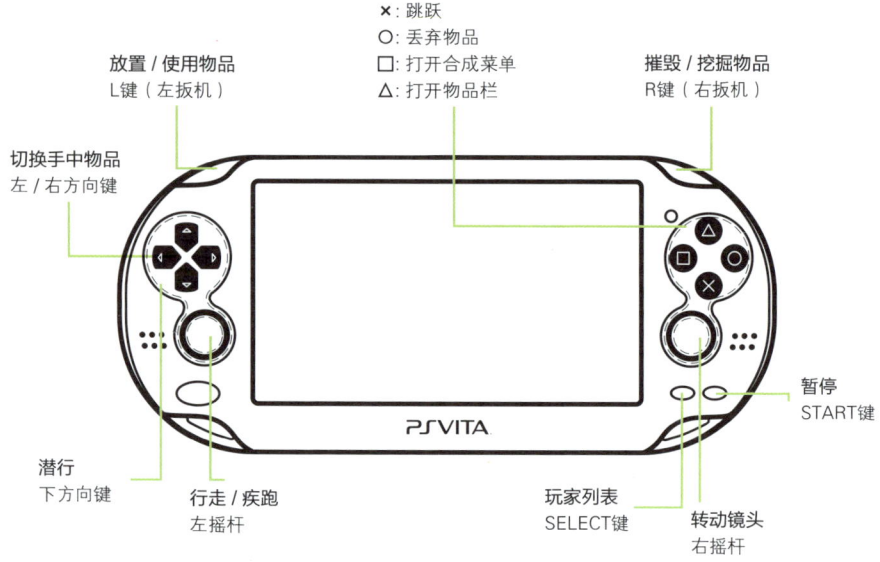

Wii U 版主控手柄控制说明

物品栏

当你在生存、极限或是和平模式下进行游戏时，会收集许多有用的方块和物品，你需要将它们管理并储存在自己的物品栏中。你可以随时打开物品栏——回顾第8-10页的内容来了解具体操作方法。

盔甲方格
详见第89页有关如何制作和装备盔甲的说明。

合成方格
将材料拖入合成方格可以合成木板、火把这类简单的资源。

输出方格
合成后的物品将会出现在输出方格里，等待你放进物品栏。

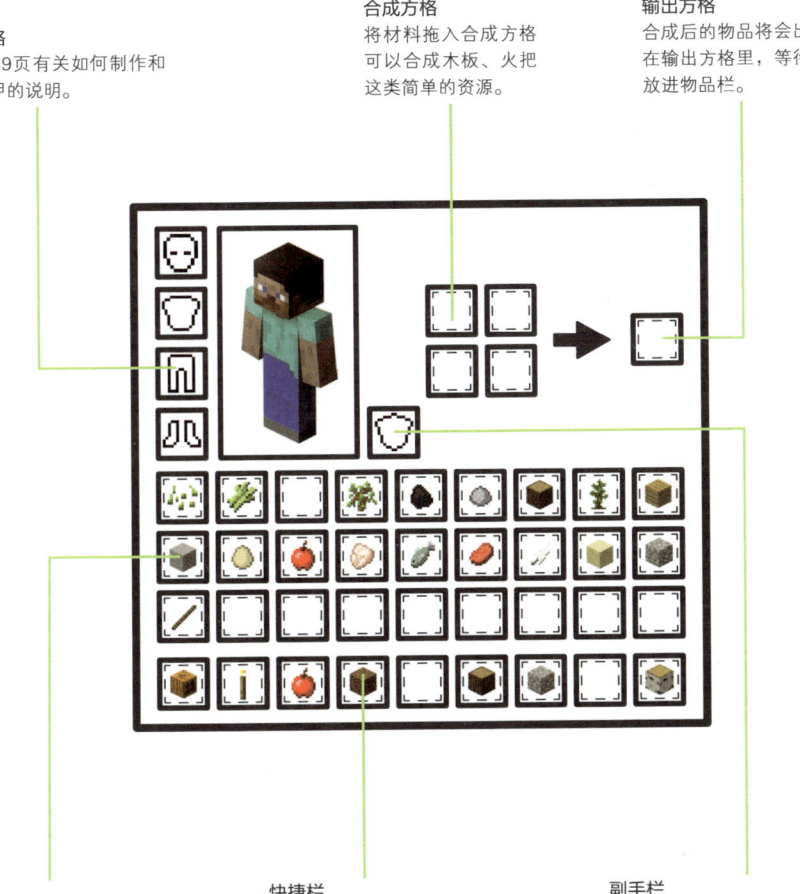

存放栏
这里共有27个可用的存放栏。许多方块和物品都能堆叠在一起，最多可堆叠64件同种物品。像鸡蛋和桶这类物品，最多可堆叠16件。而像工具这类物品则无法堆叠摆放。将鼠标悬停在你的物品栏中的任何物品上都可以显示该物品的名称。

快捷栏
你的快捷栏一直是可见的。它让你不用打开物品栏寻找就能够快速地取出物品。快捷栏是你存放武器和食物这类应急物品的理想位置。你的主手会握持当前在快捷栏里被选中的物品。

副手栏
你的副手栏可以装备第二件物品，这使你能够双手握持。当对应主手的快捷栏中没有物品时，你会直接使用副手栏上的物品。如果武器被放置在副手栏上，那么你将无法使用它们，不过这是存放箭、食物或者火把这类物品的绝佳位置。

11

图例

在本书中你将会看见用来表示不同物品、数值和属性的图标——从伤害来源到生物的掉落物，它们涵盖了各个方面。当你发现图标而不解其意时，请查阅本页。

综合

MOJANG 逸闻
这是由Mojang开发者直接提供的超级独家情报。

生成所需亮度
表示生物生成所需的亮度等级。以此图为例，该生物在9或更高的亮度等级下生成。

表示该生物不会在太阳升起后死亡。

∞
表示当文中的生物存活时，该物品可以无限掉落。

敌意等级
表示生物的敌意等级——黄色为被动，橙色为中立，而红色为敌对。

	使用TNT（炸药）爆破。
	用火把使刷怪箱失效。
	饮用牛奶来解除中毒效果。
	敌对玩家攻击。
	坠落的铁砧
	火
	迫使它撞向仙人掌。

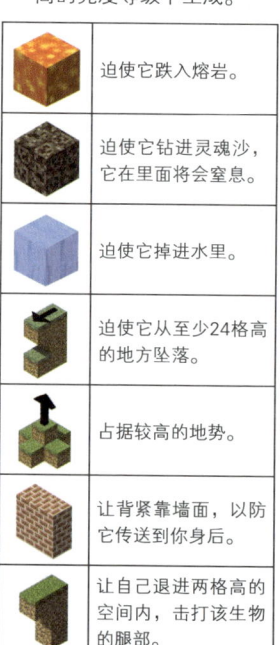

	迫使它跌入熔岩。
	迫使它钻进灵魂沙，它在里面将会窒息。
	迫使它掉进水里。
	迫使它从至少24格高的地方坠落。
	占据较高的地势。
	让背紧靠墙面，以防它传送到你身后。
	让自己退进两格高的空间内，击打该生物的腿部。

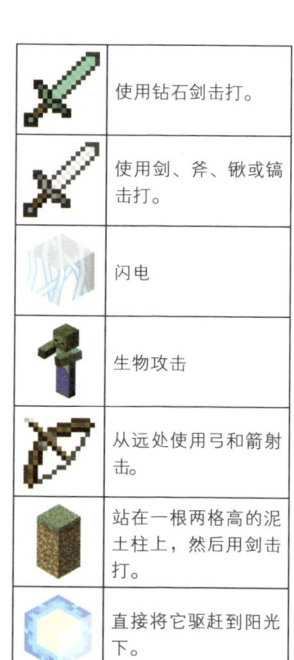

	使用钻石剑击打。
	使用剑、斧、锹或镐击打。
	闪电
	生物攻击
	从远处使用弓和箭射击。
	站在一根两格高的泥土柱上，然后用剑击打。
	直接将它驱赶到阳光下。

12

物品、方块和效果

	斧		鸡蛋		棕色蘑菇		生兔肉
	盔甲		绿宝石		红色蘑菇		生鲑鱼
	箭		末影珍珠		天然生成的装备		红石
	骨头		经验球		纸		熟鸡肉
	弓		羽毛		捡起的装备		腐肉
	碗		火焰弹或末影龙火球		马铃薯		鞍
	地毯		玻璃瓶		海晶砂粒		黏液球
	胡萝卜		荧石粉		海晶碎片		蜘蛛眼
	箱子		金锭		河豚		牛排
	小丑鱼		金粒		兔子皮		木棍
	熟鳕鱼		火药		兔子脚		线
	熟羊肉		马铠		生牛肉		糖
	熟猪排		墨囊		生鸡肉		不死图腾
	熟兔肉		铁锭		生鳕鱼		湿海绵
	熟鲑鱼		皮革		生羊肉		羊毛
	爬行者头颅		音乐唱片		生猪排		

游戏入门须知

本指南以玩家在生存模式下进行单人游戏为前提展开。在你首次开启《我的世界》（出生在你创造的世界中）之前，需要了解这个神秘世界的相关知识。

世界种子

世界种子就是一串数字或字符，它被用来创建游戏中的每个世界，并且决定地图的样貌。玩家经常在网上共享最棒的种子。游戏会自动选择世界种子，不过要是你有特定的种子想要尝试，也可以手动设定——选择"创建新的世界"，然后点击"更多世界的选项"来输入世界种子。

方块

《我的世界》中的地形由天然生成的方块构成，此外你也可以自己合成方块。方块能够被放置在其他方块表面，也可以用于建造。有些方块是不透明的，而其余则透明，它们可能为液体或固体。许多方块还具备某种功能，比如火把能提供光源，蛋糕能恢复饥饿值。

物品

物品无法在游戏的世界中放置，但是它们可以被拿在手上，或在掉落后被其他玩家拾取。它们通常具备某种功能，比如工具。物品通过和其他物品组合往往能够合成方块，比如火药。

生物

生物是指所有具备行为能力的生命实体。它们可分为被动、中立和敌对三种类型。有些生物是可驯服的，还有两种被归为效用型生物，因为它们能为你提供保护。

摧毁方块

你需要摧毁方块才能采集它们。有些方块可以徒手或使用工具破坏，比如木头。其他方块只能使用像镐这类特殊工具来破坏。有些工具让你能以更快的速度摧毁特定的方块——例如，用来破坏沙子、沙砾以及草方块时，锹最为迅速。

生命值和死亡

在生存模式中，当你遭受伤害或长时间未进食，你的生命值就会下降。如果耗尽20点生命值，你将发现自己进入了重生界面。你物品栏里的东西将会掉落在你丧命的地点——如果你能快速跑到原处，还来得及回收所有物品。

日夜交替

一个完整的日夜周期为时20分钟——10分钟的白天接着是10分钟的黑夜。太阳和月亮在天空中东升西落，通过观测它们的方位来获知白天或黑夜所剩余的时间。

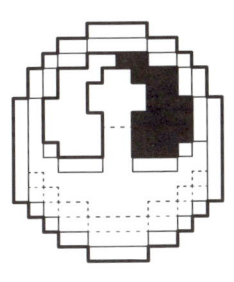

等级和经验

经验值可以通过挖掘矿石、击杀怪物或玩家、使用熔炉以及繁殖获取。这时会出现经验球，如果你足够靠近就能自动收集。经验值会累加在等级上，你可以使用经验值为工具、武器和盔甲附魔新的能力。

坐标

坐标是反映你所在位置的数字。X轴表示你到出生点的东西方向距离，Z轴则表示你的南北方向距离，而Y轴显示了你所处海拔的高低。在电脑版中按F3键，在主机版中查看地图就能得到坐标数据。

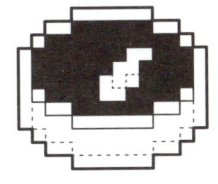

1

我的世界地形

　　本章节包含了所有《我的世界》游戏中的自然地形。你将了解自己可能出生的各种生物群系，并且得知定居每种群系的优点和缺点。你还能学到如何寻找那些迷人的自然结构以及所藏的奇珍异宝，这些知识将为你的旅途保驾护航。

生物群系

当出生时，你会发现自己置身于几种可能的生物群系之一——具有不同环境和特色的地区。在每种群系中定居都有各自的优点和缺点，因此你需要决定自己是在此驻留，还是去搜寻更适于生存的区域。

沙漠

贫瘠的沙漠群系不适合生存。这里不会生成被动生物，而且没有降雨，因此寻找食物以及种植作物都很困难。沙漠可用来收集资源，不过你的基地还需建造在更加舒适的生物群系中。

沙漠水井

仙人掌

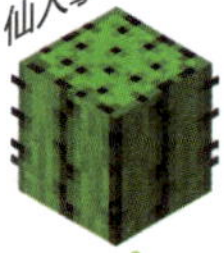

这里没有树木提供木头——地表被沙子、枯死的灌木以及仙人掌覆盖。

有时还可以发现沙漠水井——这种设施主要起装饰性作用，不过也能够用作水源。

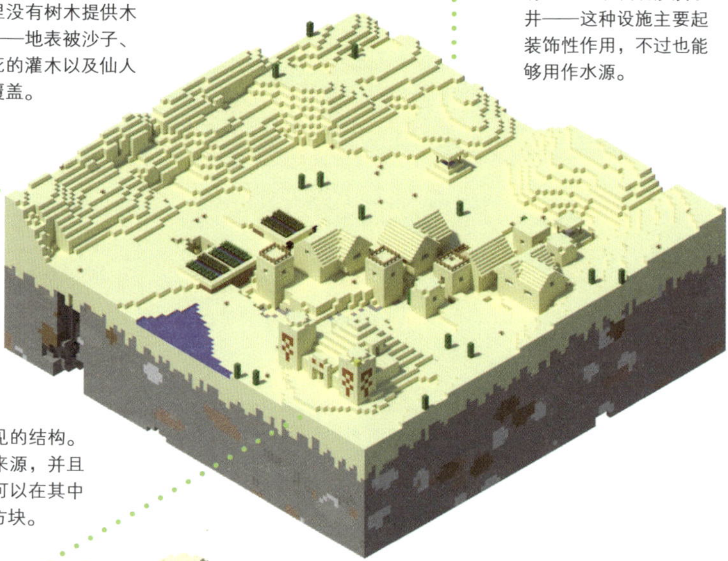

沙漠神殿和村庄是常见的结构。它们都是大量材料的来源，并且还藏有战利品箱，你可以在其中找到更多珍贵物品和方块。

沙漠神殿

你知道吗？ ↗

在沙漠群系中挖矿时请注意化石——它们在地表下方15-24格内生成，由骨块构成。据悉这些化石是已灭绝的巨型生物残骸……

热带草原

热带草原是干燥平坦的生物群系，覆盖着泛黄的草方块、草丛以及金合欢树。平坦的地形易于施工建造，但是由于缺少雨水，耕种会相当困难。

马

热带草原会生成大量的马。详见第43页中更多关于马的信息。

NPC 村庄

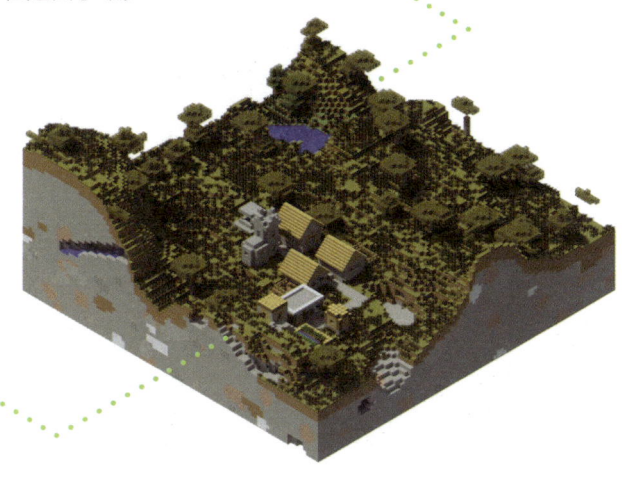

NPC（非玩家角色）村庄十分常见，这让热带草原群系成为良好的资源获取地点。详见第34页中的更多信息。

峭壁

峭壁看起来非常壮观，但是由于缺少平地，建筑工程难以实施。而且探索也很危险，因为这里有如此繁多的悬崖，你可能会从高处跌落。

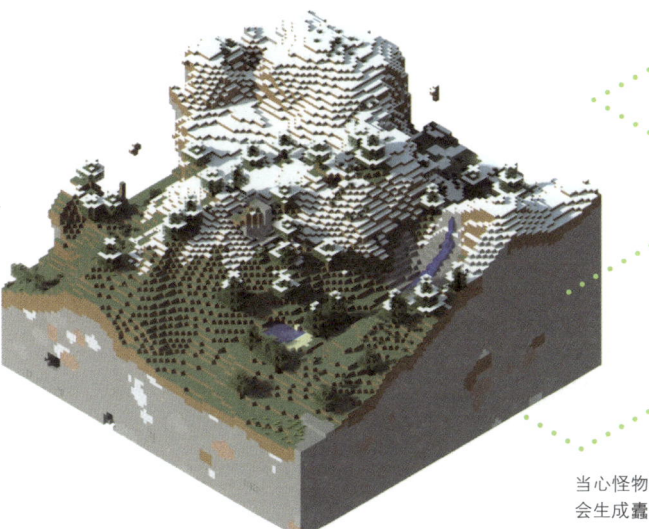

绿宝石矿石

绿宝石矿石只生成于峭壁群系，因此这里适合挖矿。

蠹虫

怪物蛋

当心怪物蛋，其中会生成蠹虫。

森林

　　森林是理想的出生地点，因为它们提供了大量用于合成的木头。地表覆盖着橡树和桦树，还有普通的草方块以及零星分布的草丛。

狼

狼可以被驯服作为宠物，它们在森林中很常见。此外请注意，敌对生物可以利用树下的阴影捱过白天。

森林变种

繁花森林中的树木较少，不过地面上长满了五彩斑斓的花朵。

正如其名所示，桦木森林这类变种内只含有桦树。

桦木森林

繁花森林

MOJANG 逸闻

多年以来，游戏世界生成的方式经过了翻天覆地的变化。如果你开启年代久远的存档，就会发生奇异的现象，因为游戏试图用构成生物群系的新数据去匹配旧版本的环境。沙漠可能会瞬间被白雪覆盖，而曾经流动的河水和湖泊也许会即刻冻结。

黑森林

这种生物群系被命名为黑森林，是因为其中密布的深色橡树和巨型蘑菇遮挡了绝大部分的阳光。

敌对生物

在这个阴暗的生物群系中，敌对生物通常白天也能生成，因此在你拥有充足的经验以及精良的装备之前，最好避开黑森林。

巨型蘑菇

除非在菌丝上种植，巨型蘑菇需要在12或以下的亮度中生成。详见第83页中更多关于菌丝的信息。

丛林

由于多山的地形以及茂密的树木和灌木丛，在丛林中穿行或建造都很困难。这里易于敌对生物存活，由于树冠挡住了大量阳光，它们可以在日间生成。只有在这个生物群系中才能找到西瓜和可可果。丛林值得你去探访，不过刚出生时应该放弃在这种生物群系定居。

豹猫

豹猫只在丛林中生成。详见第42页中的更多信息。

丛林神庙

丛林神庙很常见，其中设有陷阱箱作为奖励。详见第31页中的更多信息。

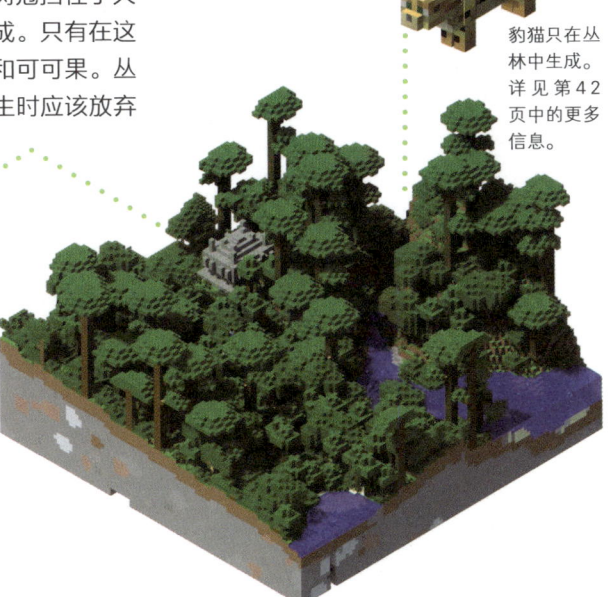

冰原

　　平坦的冰原群系被雪覆盖，其中所有露天的水源都被冻结成冰。在这里经常能发现甘蔗，但是由于水被冻结，耕种相当困难。冰原的树木并不繁盛，所以这个群系对于新手来说不够理想。

小知识

冰原是一种极好的生物群系，在其中可以收集雪来制作雪傀儡——效用型生物，能够向敌对生物投掷雪球击退它们。垂直堆叠两个雪块，接着在顶部放置一个南瓜就能合成。在整个主世界中都能发现生长于草方块上的南瓜。

北极熊 — 北极熊在冰原中十分常见。详见第49页中的更多信息。

雪傀儡

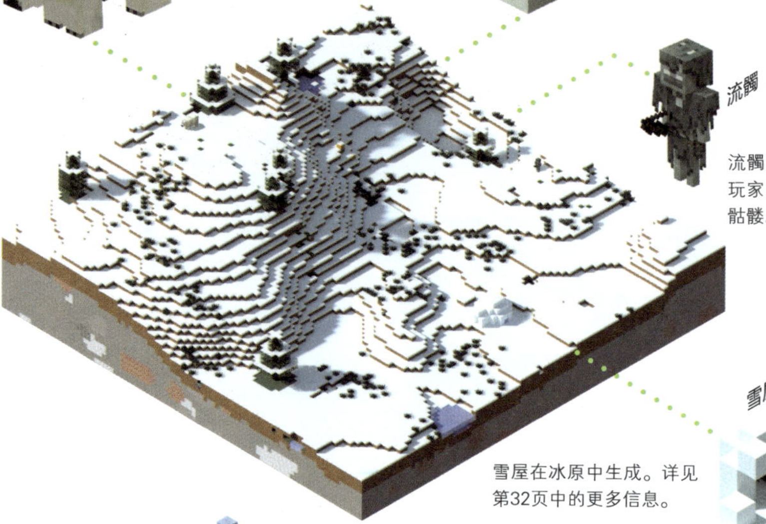

流髑 — 流髑（dú）是一种对玩家发射迟缓之箭的骷髅。

雪屋 — 雪屋在冰原中生成。详见第32页中的更多信息。

冰原变种

冰刺平原 — 在这类变种群系中，你会发现大型冰刺。有的高度达到50格。

冻河 — 正如其名所示，你会发现一条冰冻的河流横穿这类变种群系。

草原

草原平坦而多草，地面上分布着稀少的树木。NPC村庄常见于此。这里还是少数天然生成马的生物群系之一。在草原上建造施工相对简单，因此无论对于新手入门还是长期定居都是极好的选择。

被动生物

草原是丰富食物的来源，因为这里栖息着大量被动生物。

草原变种

向日葵草原

这类罕见的草原变种有着漫山遍野的向日葵，它们都面朝东方，能够为你指示方向。

沼泽

平坦的沼泽群系中分布着小型水塘，水面上经常漂浮着睡莲。在积水的地表上搭建房屋十分困难，不过这里有更多钓鱼的机会，而且蘑菇也很常见。许多水塘中含有黏土，可以用来合成红砖。

史莱姆

只有在沼泽群系中史莱姆才会在地表高度生成。详见第63页中更多关于史莱姆的信息。

沼泽小屋

女巫

沼泽小屋和女巫常见于此。详见第62页中更多关于女巫的信息。

你也许能在沼泽地表下15-24格内发现化石。

海洋

尽管这不是适于生存的生物群系,但海洋是极好的鱼和乌贼产地。在变种群系深海中,你会发现内含宝藏和守卫者的海底遗迹。因此当有一定经验后,海洋值得你去探索。

> **MOJANG 逸闻**
>
> 海底遗迹被加入游戏的时间相对较晚。我们会检查三次以上,只有当玩家未曾到访该区块,才会在此生成遗迹,以防有玩家已经在我们想要添加遗迹的位置上建造了基地。

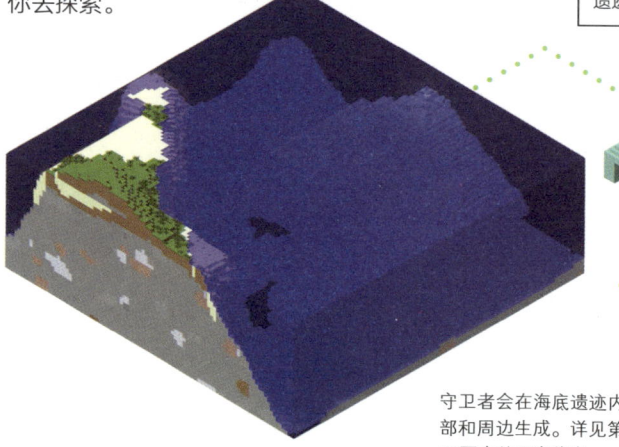

海底遗迹

详见第33页中更多关于海底遗迹的信息。

守卫者

守卫者会在海底遗迹内部和周边生成。详见第58页中的更多信息。

> **MOJANG 逸闻**
>
> 在较早的游戏版本中,你能够在水下发现气穴。这其实是一处程序漏洞:当游戏试图生成海底矿井时,程序使用了错误的坐标为矿井清除空间,而结果则是在水中挖开一条空气管道。

菌丝这种方块可以在任何亮度等级下栽培普通蘑菇以及巨型蘑菇。

蘑菇岛

罕见的蘑菇岛群系可见于海洋之中。它由山丘和平原混合构成,到处覆盖着菌丝。蘑菇岛是仅有的两种天然生长巨型蘑菇的群系中的一种。这种群系是新手安全的庇护场所,但是这里无法种植树木,因此如果你想要合成有用的东西,还需转移到别的群系。

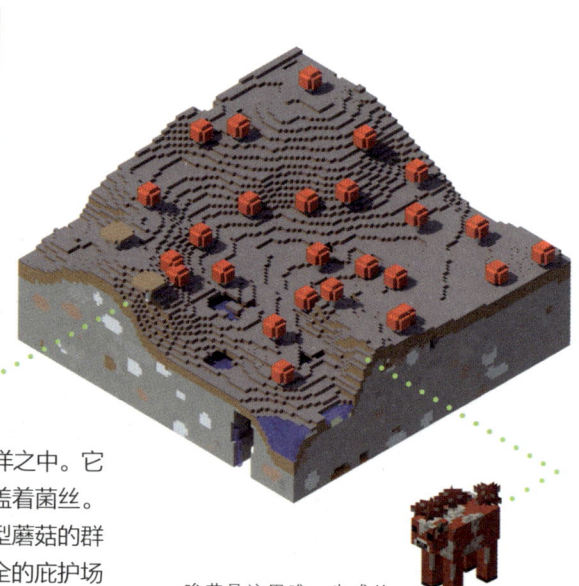

哞菇

哞菇是这里唯一生成的生物——蘑菇岛没有敌对生物。

平顶山

　　平顶山群系很罕见。大多数平顶山由陶瓦和红沙构成，树木并不常见，而且没有被动生物提供肉食，所以在你出生后应避开这种群系。在这里，金矿石生成于所有高度。

> **MOJANG 逸闻**
>
> 有一种主世界探索者无法遇到的生物群系——虚空。这是为地图作者预设的群系，游戏生成的世界中除了一块石头平台以外空空如也。

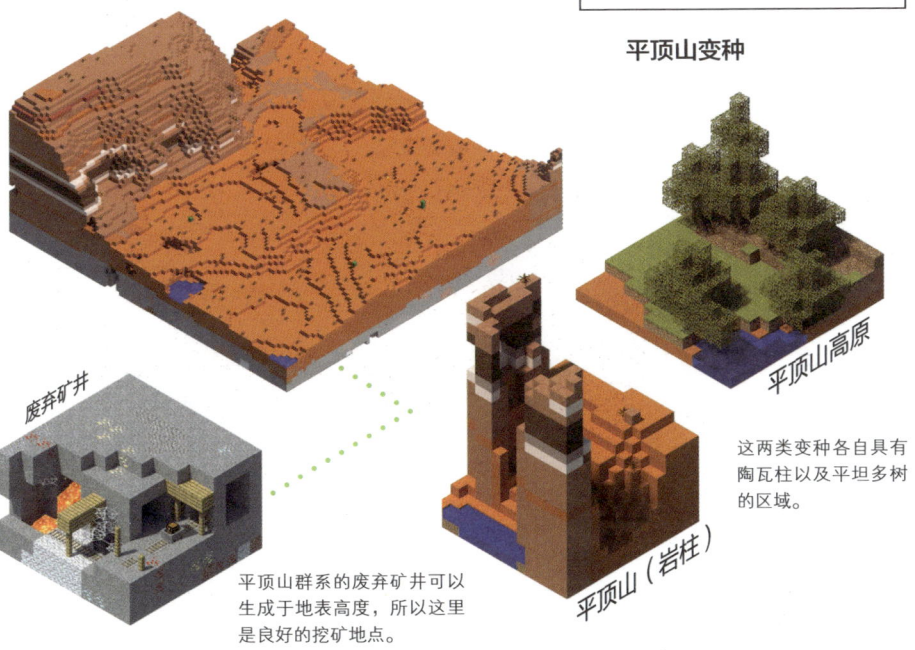

平顶山变种

平顶山高原

这两类变种各自具有陶瓦柱以及平坦多树的区域。

平顶山（岩柱）

废弃矿井

平顶山群系的废弃矿井可以生成到地表高度，所以这里是良好的挖矿地点。

针叶林

　　由于大量的云杉树在此生长，因此针叶林群系是极好的木头来源地，这里也成为了良好的新手起点。

针叶林变种

大型针叶林

兔子

狼和兔子在这里很常见，不过除此之外没有更多物资了，因此当你为自己准备好基础装备后就可以向别处进发了。

下界

虽然你不会在这里出生,但是进阶玩家会想去下界探险——一个地狱般的维度,到处是既新奇又可怕的敌对生物。下界有着丰富而独特的材料,比如用作光源的荧石以及可产出石英建材的下界石英矿石。

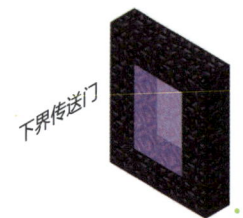

下界传送门

通过传送门可进入下界。使用黑曜石搭建,然后通过点燃的方式激活传送门。

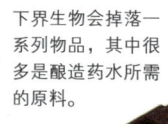

下界生物会掉落一系列物品,其中很多是酿造药水所需的原料。

敌对生物

下界要塞

下界要塞是下界中唯一的天然生成结构。其中藏有数件实用材料,包括酿造药水所需的地狱疣。

MOJANG 逸闻

水无法存于下界中。难道有错?尽管从桶内倒出的水会瞬间蒸发,但聪明的玩家想方设法把水偷运到下界——比如,以冰的形式运送水。现在所有这些破解方案无一例外都被程序修补。大概是这样吧……

末路之地

末路之地由数座飘浮在虚空中的岛屿构成。只有最高级的玩家敢于涉险此地……

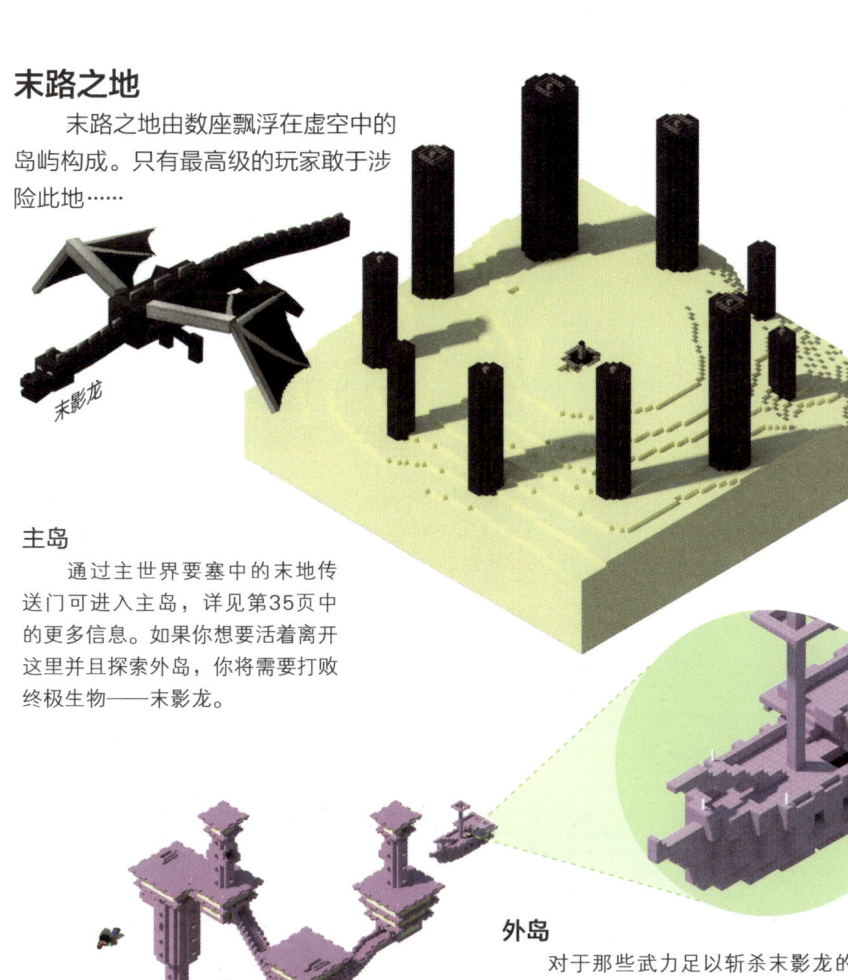

末影龙

主岛

通过主世界要塞中的末地传送门可进入主岛,详见第35页中的更多信息。如果你想要活着离开这里并且探索外岛,你将需要打败终极生物——末影龙。

外岛

对于那些武力足以斩杀末影龙的玩家,你们必须找到前往外岛的方法。在那里你会发现独特的方块和稀有物品,比如鞘翅(让你能够滑翔的翅膀)、装饰性龙首以及一种新型敌对生物——潜影贝。

MOJANG 逸闻

与下界的情况相同,在末路之地试图使用床睡觉将会导致它爆炸。在极限模式下快速通关挑战时,在战斗进行到高潮时,找到一种放置床的方法,玩家尽可能抵挡部分爆炸,而床会对呼啸而过的末影龙造成最大的伤害。争分夺秒才是关键!

天然生成结构

如果知道了具体的位置，你将会发现自己身边到处是天然生成结构。这些结构内藏着珍贵的材料，有时还包括战利品箱。不过它们都很危险，其中往往设有陷阱。注意谨慎行事。

废弃矿井

废弃矿井通常见于地下，是挖掘矿石的极佳场所。

当心洞穴蜘蛛的刷怪箱，那里被数重蜘蛛网包围。洞穴蜘蛛有剧毒，在狭窄的走廊中能够迅速将你逼上绝路。

洞穴蜘蛛

小心熔岩流和熔岩池，它们在地下很常见。

可见于：

任何生物群系

留意走廊中的矿车——其中可能藏有战利品箱。

运输矿车

沙漠神殿

沙漠神殿可见于沙漠群系,由多种砂岩方块建成,点缀着橙色和蓝色陶瓦方块。你可以挖掘这些方块作为自己的建筑材料。

沙漠神殿可能会部分掩埋在沙子中,导致它很难被发现。注意砂岩和橙色陶瓦,或者从地形中突出的塔楼。

在主厅地板中央,你会发现隐藏于蓝色和橙色陶瓦下方的密室。这间密室共藏有四个战利品箱。

战利品箱

箱子中间的压力板被用来控制TNT方块,如果你踩到或是直接落在它上方就会引发爆炸。请小心降落。

TNT

可见于:

沙漠

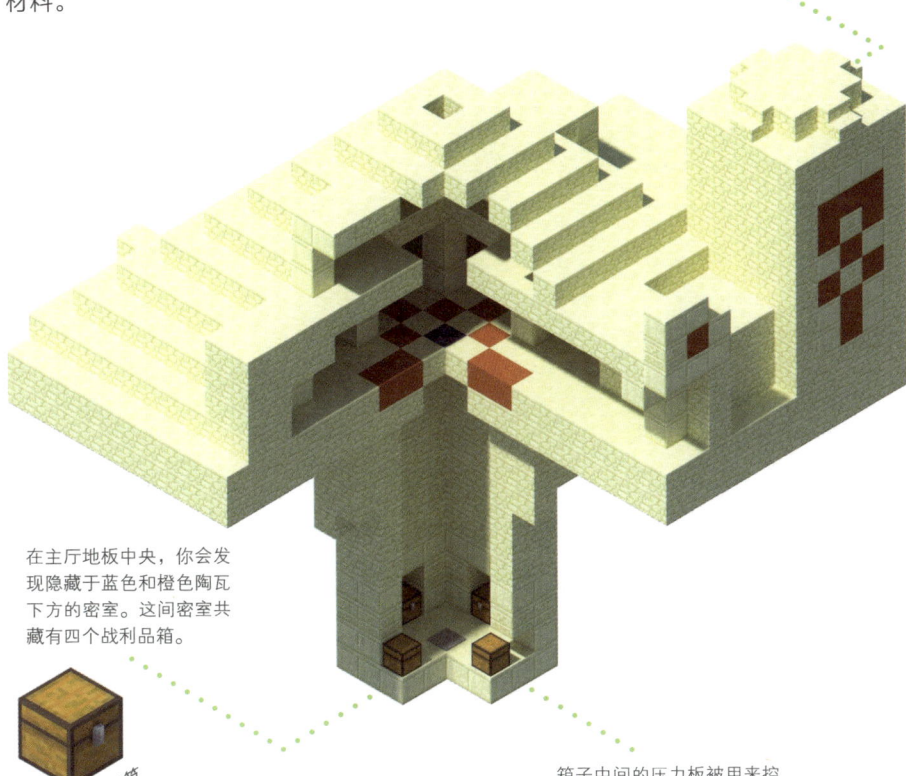

地牢

地牢是由苔石和圆石构成的狭小房间。它们通常生成于地下，你能够相当轻易地走入其中。挖矿时留意苔石或者在黑暗中闪烁的火焰。

在地牢中央会发现一个僵尸、骷髅或蜘蛛刷怪箱，你可以在刷怪箱四周以及顶部插上火把使其失效。或者，你可以将刷怪箱用于战斗训练。

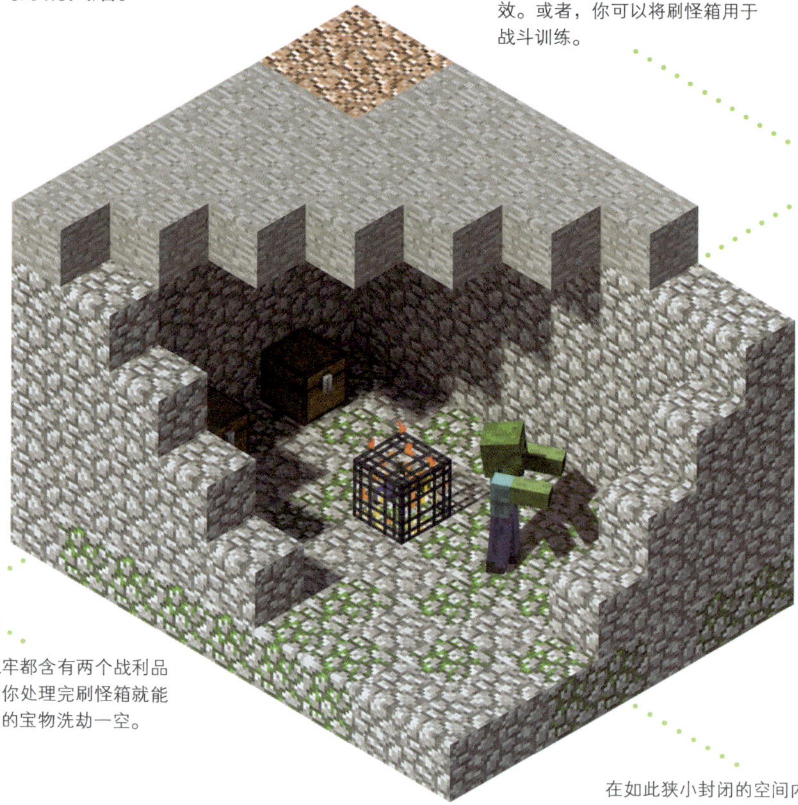

每个地牢都含有两个战利品箱，当你处理完刷怪箱就能把其中的宝物洗劫一空。

在如此狭小封闭的空间内，你会发现自己很容易被敌对生物团团包围。如果你感到棘手，就背靠墙壁作战。

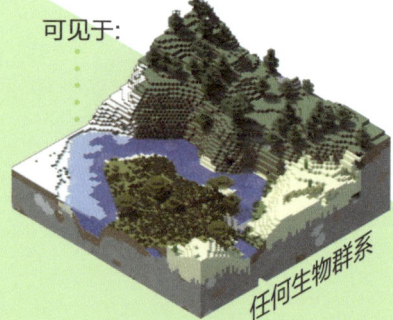

可见于：任何生物群系

刷怪箱

丛林神庙

　　诡秘的丛林神庙由圆石、苔石以及錾（zàn）制石砖建成。神庙共有三层，可以从一楼的入口进到内部。

进入地下室你将发现三根拉杆。当你以正确的顺序扳动它们后，回到一楼将会开启一间隐藏密室，里面藏有战利品箱。

顶楼空无一物，不过上面的苔石都可以挖掘。

苔石

当你收集完战利品，你可以挖走陷阱装置和红石为己所用。

可见于：

丛林

沿着拉杆对面的走廊继续探索，你将发现两个装有箭的发射器。想办法在不踏过绊线的情况下通过这里，你会在走廊尽头获得另一个战利品箱作为奖励。

雪屋

雪屋是由雪块构成的小型结构。它们可作为实用的紧急避难所。

在内部你会发现地毯、床、工作台和熔炉。

半数雪屋还包含一间地下室,通过地毯下方的活板门进入。

地下室中具有酿造台、炼药锅、战利品箱以及两座牢房,分别关押着一位牧师村民和一位僵尸牧师村民。用镐挖走酿造台和炼药锅——你将需要它们来酿造药水。

可见于:

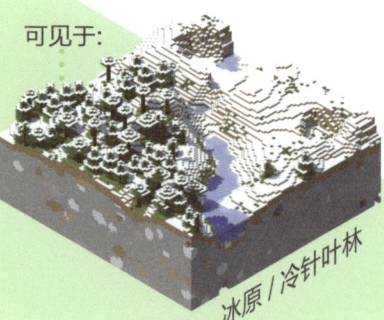

冰原 / 冷针叶林

当心地下室内的蠹虫——有些构成墙体的方块实际上是怪物蛋。

海底遗迹

海底遗迹是水下的大型结构,由多种海晶石方块构成,被海晶灯照亮。

守卫者以及远古守卫者保护着海底遗迹,详见第58-59页中更多关于这些生物的知识。

每座遗迹的布局有差异,不过它们总是会包含至少6个房间。

向中心探索,你会发现宝藏室。在暗海晶石中藏有8个金块。

可见于:深海

在其中一个房间的天花板上有时可以发现附着的湿海绵。用熔炉将它烧干,然后就可以用它吸水来消除水方块了。

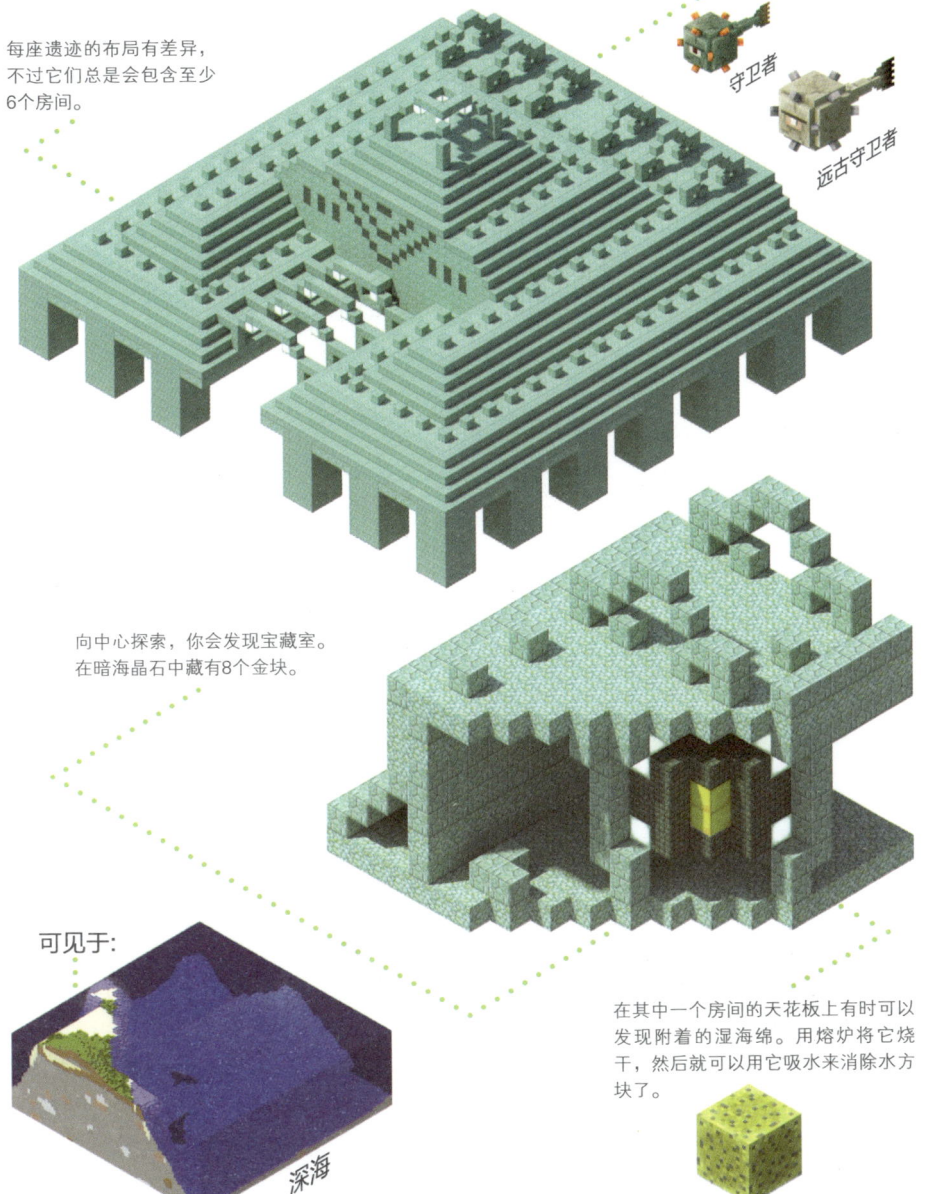

NPC 村庄

作为当地友好村民的家园，NPC村庄包含了多种不同功能的结构，从小屋和农场，到铁匠铺和图书馆。

当心僵尸村民，尤其是在没有铁傀儡的小型村庄里。

僵尸村民

村民生成在与他们职业相关的建筑内。白天他们离开各自的建筑，在村庄内闲逛。

村民

铁匠铺内会有一个战利品箱。除了一些杂物之外，你也许能在里面找到鞍、盔甲、钻石和黑曜石。

铁傀儡生存于至少具有10位村民以及21扇门的村庄内。这种效用生物是为了保护手无寸铁的村民抵御敌对生物而存在的。

可见于：

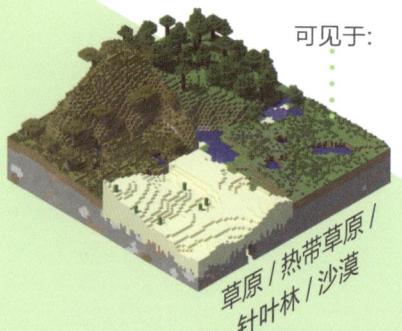

草原／热带草原／针叶林／沙漠

在农场中可以收获作物，它们不仅能食用，还能带回基地用来建立一座新的农场。

要塞

要塞可见于地下,有时也见于水下。如果想要前往末路之地,你就需要找到要塞。

要塞的规模不一,其中包含数个房间,由走廊和楼梯构成的迷宫连接。在大型要塞中搜寻末地传送门房间很容易迷失方向。

投掷末影之眼来定位最近的要塞。每次掷出的末影之眼都会朝正确的方向飞行一小段距离。当它停止前进并掉落在地面时,向下方挖掘就能找到要塞。

当你探索时留意战利品箱。这些箱子里可能藏有从附魔书到钻石马铠等任何物品。

可见于:

任何生物群系

末地传送门房间具有一道未完成的末地传送门,以及一个蠹虫刷怪箱。你需要用末影之眼填满剩余的末地传送门框架才能将它激活,接着跳入其中即可被传送到末路之地。

林地府邸

林地府邸是黑森林群系中罕见的结构,由木头和圆石建成。它具有数层楼和许多房间,并且提供丰富的实用资源。是不是好到难以置信?真不走运,这里还居住着《我的世界》中最危险的生物们。

除了常见的敌对生物之外,卫道士、唤魔者和恼鬼也会生成于府邸内。这些类终极生物具有很高的危险性,只建议技术精湛的玩家尝试消灭他们。详见第64–65页中更多相关知识。

恼鬼

卫道士　　唤魔者

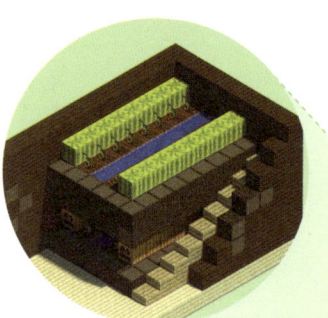

你也许会在底楼发现几处农业区域,包括瓜房、伐木房和蘑菇农场等。

可见于:

黑森林

你知道吗?

林地探险家地图是十分有用的物品,能够帮你找到林地府邸。详见第47页了解如何获取一份探险家地图。

好几个房间带有居家的氛围——餐厅里设有桌子、花盆和书架,你可能还会发现许多卧室。

在更多邪恶的结构中,你也许会发现祭坛风格的建筑、奇形怪状的平台以及阴森恐怖的牢房。这里还可能有一间地图房,暗示着卫道士和唤魔者正在酝酿什么阴谋。

你知道吗?

专心致志的探险家很可能在府邸内找到秘密区域,其中有些地方藏着珍贵的战利品。

2

生物

在这个神秘的新世界中,你并不是孤单一人。在本章节中,你会认识到被动、中立和敌对生物之间的区别。你还将学会如何寻找它们,如何保护自己免受中立和敌对生物的攻击,以及每种生物被击杀时会掉落什么物品,这才是重中之重。

被动生物

敌意等级

在主世界探索时，你会遇见各种各样的被动生物，它们很容易被一个工具或武器打败。大多数生物会掉落实用的物品，包括肉类。若它们被火烧死则掉落熟肉。

生成地点

任何生物群系

鸡

行为

鸡生成于多草的区域。它们"咯咯"叫着四处游荡，每5–10分钟会下一次蛋。

专有能力

在坠落时，鸡会扇动它们的翅膀来减缓下降速度，这样就不会因跌落而受伤。

死亡时掉落

0–2　　1　或　1　　1–3

存活时掉落

∞

生成所需亮度：15 → 9 → 0

蝙蝠

行为

蝙蝠生成于主世界的洞穴中。它们空闲时会倒挂着休息，然而在其他时候可观察到蝙蝠漫无目地到处飞行。

专有能力

蝙蝠是唯一既生成于暗处又能够飞行的被动生物。

> **MOJANG 逸闻**
>
> 在玩家反映蝙蝠的叫声使他们耳朵不适后，这个尖锐的高音经历了数次淡化降调。

死亡时掉落

0

生成所需亮度：15 → 3 → 0

猪

行为
猪会以3-4头为一群在主世界溜达，会随意地"呼呼"打鼾。在它们5格距离以内，猪会跟随任何手持胡萝卜、胡萝卜钓竿或甜菜根的玩家。

详见第75页中钓鱼竿的合成配方。胡萝卜能够在NPC村庄的农场中找到，也可以由僵尸掉落。

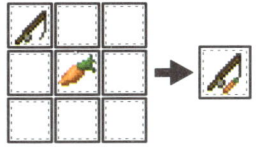

胡萝卜钓竿的合成配方

专有能力
猪可供骑乘，尽管它们行动非常缓慢。你首先需要给它们装上鞍，然后使用胡萝卜钓竿为它们引导方向。一段时间后，猪会吃掉胡萝卜，因此你需要注意胡萝卜钓竿的耐久度。鞍可以在天然生成的箱子中找到。装备了鞍的猪在死亡时才会掉落鞍。

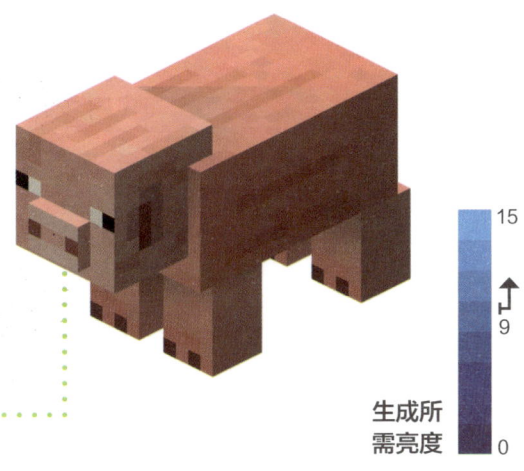

死亡时掉落

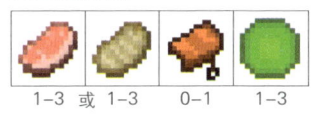

1-3　或　1-3　　0-1　　1-3

生成所需亮度

羊

行为
羊在四周徘徊，偶尔"咩咩"地叫，还会吃方块上的草。

存活时掉落

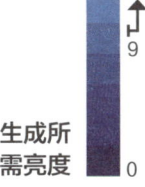

1-3

专有能力
羊在死亡时掉落1块羊毛，但是如果你在羊存活时对它们使用剪刀，会获得1-3块羊毛。羊毛被剪完后还会重新生长。你还可以在剪毛前给羊染色，这样就永久改变了羊毛的颜色。染料可由花、青金石、可可豆和墨囊等合成。

死亡时掉落

1　　1-2　或　1-2　　1-3

生成所需亮度

豹猫

行为
豹猫在丛林中穿行，偶尔会对鸡发起攻击。它们会躲避玩家和敌对生物。

专有能力
豹猫免疫跌落伤害。通过喂鱼可以将它们驯服为猫。站在豹猫10格距离以内，接着等待它进入"乞求"模式——它会看着你并慢慢靠近。不要过快地做出任何举动，否则你会把它吓跑。喂它吃鱼之后，它就会变为姜黄猫、西服猫或暹罗猫。被驯服的猫会一直跟随主人，也不再攻击鸡。豹猫和被驯服的猫都能将爬行者吓退。

死亡时掉落

1–3

生成地点

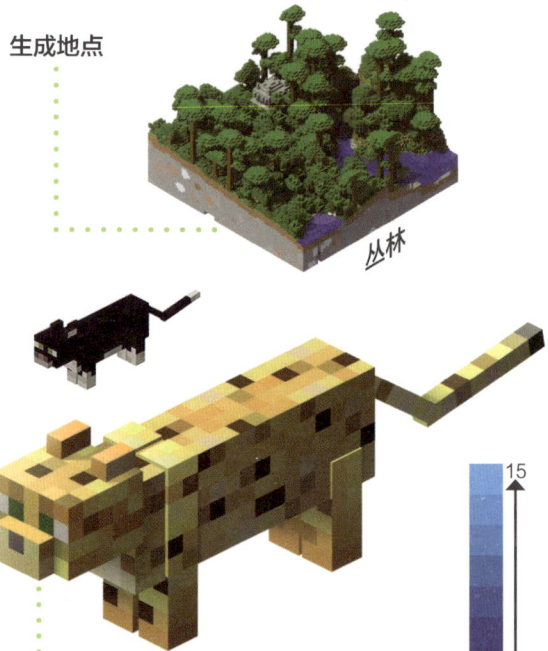

丛林

生成所需亮度

兔子

你知道吗？

兔子生成于沙漠、繁花森林、针叶林和冰原群系，以及这些生物群系的山丘变种中。

行为
兔子蹦蹦跳跳，会避开玩家、敌对生物和狼。它们会自己寻找成熟的胡萝卜作为食物。

专有技能
如果你在8格距离内手持胡萝卜或蒲公英，兔子会主动靠近。它们甚至会为了胡萝卜越过悬崖，但绝不会跳过熔岩。

死亡时掉落

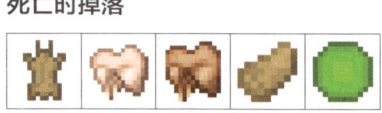

0–1　　0–1 或 0–1　　0–1　　1–3

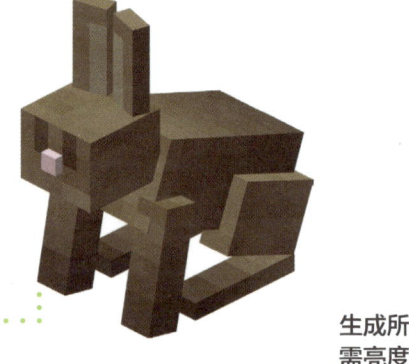

生成所需亮度

鱿鱼

行为
鱿鱼用触手在水中游动。如果受到攻击就会尽力游走。如果长时间离开水，它们就会窒息。

专有能力
鱿鱼能够逆着水流游动。它们还有一副令人生畏的牙齿，尽管它们是无害的。

死亡时掉落
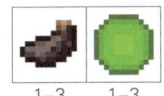

生成地点

任何生物群系（水中）

生成所需亮度

马

行为
马以2-6匹为一群在外驰骋。它们共有35种不同颜色和斑纹的皮肤组合。驴是较小的变种马。如果一匹马和一匹驴交配将会生出骡。

专有能力
马是最快捷的交通工具之一，不过首先需要驯化它们。反复骑到马背上，直到这匹马不再把你甩下来，就表示驯服成功，然后为它装上鞍就能供人骑乘了。鞍可以在天然生成的箱子中找到。驴和骡还可以装备箱子，用来运输物品。被击杀后，马将掉落身上所有的装备，同样如果驴和骡携带了箱子，其中的物品也会随之掉落。

生成地点

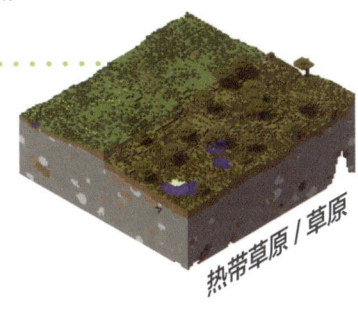

热带草原/草原

死亡时掉落

生成所需亮度

牛

行为

牛会成群地移动,在相当远的距离就能听见"哞哞"的叫声。

专有能力

对牛使用桶可采集它们产出的牛奶。详见第73页中桶的合成配方。如果你在10格距离以内手持小麦,它们也会跟随你。牛在死亡后有概率掉落皮革,可用于多种合成配方。此外还会掉落生牛肉,如果它们被火烧死,将变为熟牛排。

死亡时掉落

| 0–2 | 1–3 | 或 1–3 | 1–3 |

生成所需亮度

哞菇

行为

哞菇只可见于蘑菇岛群系。它们以4-8头为一群来回走动,会避开如悬崖和熔岩这类险要之处。

生成地点

蘑菇岛生物群系

专有能力

对哞菇使用桶可采集它们产出的牛奶。还可以用碗收集它们产出的蘑菇煲。剪除身上的5个蘑菇将会使哞菇变为普通的牛。在其他所有方面,它们都与牛非常相似——哞菇死亡时可能会掉落皮革以及1–3块生牛肉,如果它们被火烧死就会变为熟牛排。

死亡时掉落

| 0–2 | 1–3 | 或 1–3 | 1–3 |

生成所需亮度

羊驼

行为
　　羊驼喜欢群居。如果玩家牵走一匹羊驼，邻近的羊驼也会跟随，形成一支驼队。它们与狼为敌并会主动对它们啐唾沫，造成少量伤害。羊驼也会用唾沫回敬任何攻击它们的玩家。

专有能力
　　羊驼可供骑乘。首次驯化时，你需要多次空手骑到羊驼背上，直到它们不再将你甩下来为止。在驯服之后，你可以给羊驼装备箱子。你还可以为它们披上地毯来改变羊驼背上鞍的外观。

死亡时掉落

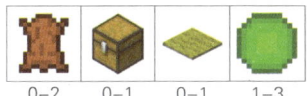

| 0–2 | 0–1 | 0–1 | 1–3 |

生成地点

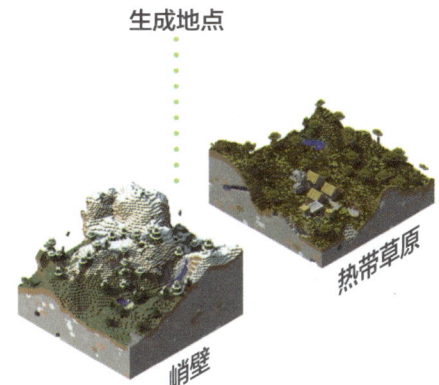

峭壁　　热带草原

MOJANG 逸闻
Jeb在Twitter（推特）上向大家征询更想要哪种新生物——北美羊驼还是南美羊驼。最终北美羊驼赢得投票，因此他们将其加入游戏。

你知道吗？
每匹羊驼都有各自不同的强度数值，用来决定它能装载的物品数量。尽管如此，它们都是一样可爱。

生成所需亮度

村民

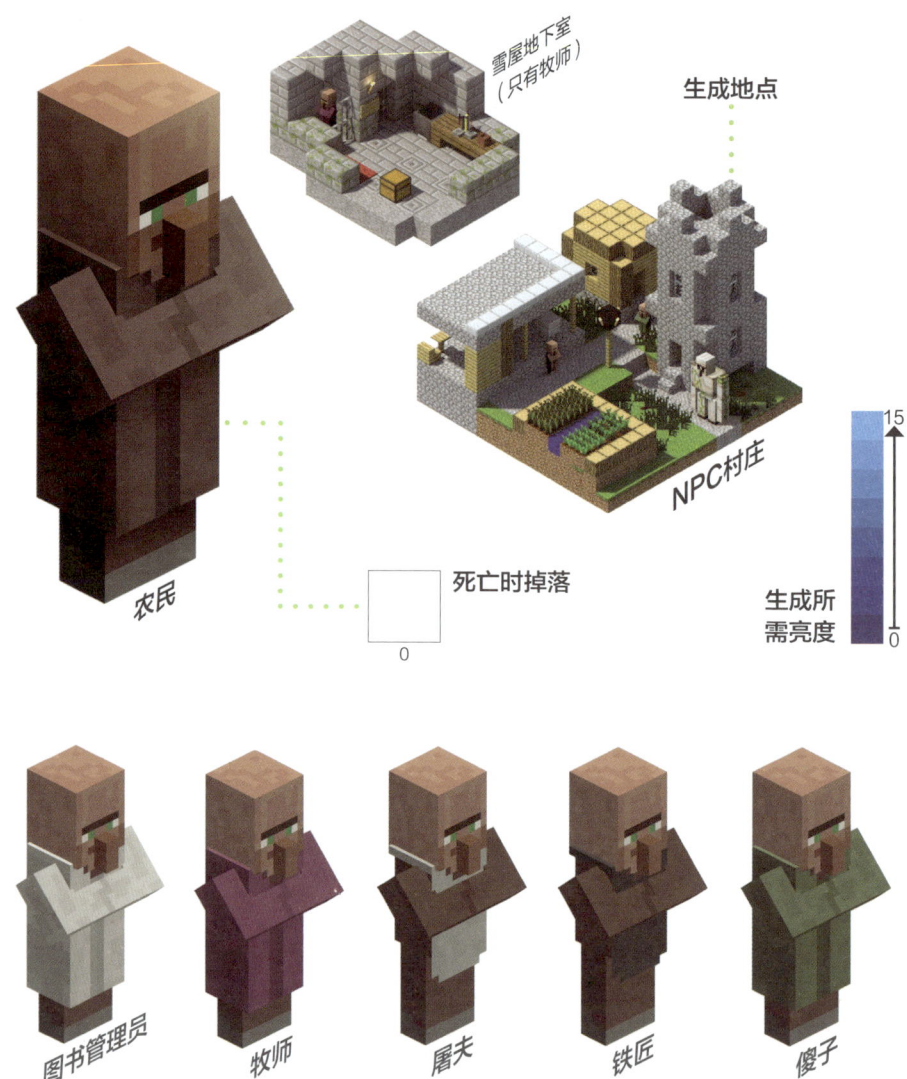

变种

村民是人类角色，从事五种不同职业：农民、图书管理员、牧师、屠夫和铁匠。第六位村民没有任何职业，他被称为傻子村民。每种职业具有多个分支——例如，农民还包括渔夫、牧羊人和造箭师。

行为

村民白天在村庄里闲逛，互相交际。已知的是他们会把自己的食物分给其他粮食短缺的村民。在晚上或是下雨时，他们会跑回屋内躲避僵尸，以防自己被变成僵尸村民。

专有能力

村民会繁衍生出小村民，直到成年村民的人数大于村庄里门的数量的35%。每位村民拥有8格隐藏物品栏，用来收集任何他们发现的东西，如胡萝卜、马铃薯、小麦、种子、甜菜根、甜菜种子和面包。

村民交易

除了傻子之外，所有成年村民都乐于用绿宝石交易商品。与一位村民互动就会弹出交易菜单，显示一项交易组合。在左侧方格内放入村民需要的物品，然后他们提供的商品就会出现在右侧供你收取。

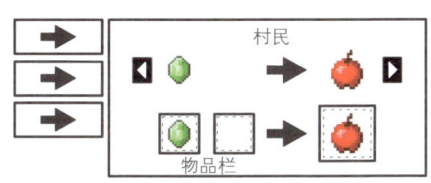

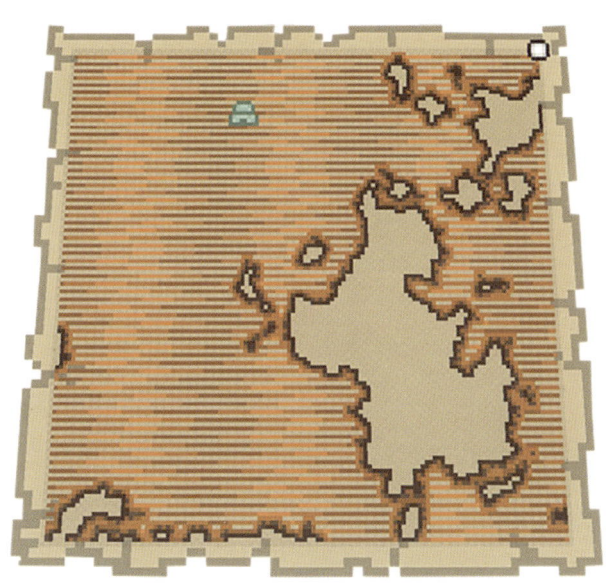

有些图书管理员被称为制图师，用绿宝石和指南针可跟他们交易，获得探险家地图。这些地图非常适用于寻找战利品，因为它们能够定位林地府邸和海底遗迹。

中立生物

敌意等级

别妄想了,并非所有生物都是任人宰割的猎物。有一小部分生物被归为中立生物,这表示它们的行为有所不同,在特定情况下会产生敌意。请密切关注这类生物——它们掉落的实用物品会为你在各方面的发展提供助力。

狼

生命值	♥ 8 野生	♥ 20 驯服	
攻击力	♥ 3–6 野生	♥ 4 驯服	
击杀方法			
掉落物	1–3		

生成所需亮度 0–15

行为

狼以4只结队行动,会攻击视野内的兔子、骷髅和羊。狼会敌视任何攻击它的玩家或生物,并且所有邻近的狼也会产生敌意。敌对的狼有着红色的眼睛并会发出吼叫。

生成地点

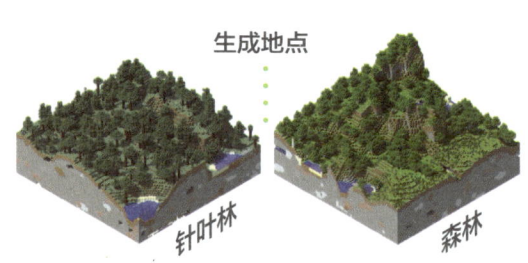

针叶林　森林

专有能力

狼可以通过喂食骨头驯服。在被驯服后,它们会佩戴红色项圈并时刻跟随着你。被驯服的狼能够传送到主人身边,而且还会攻击任何与你交战的除了爬行者之外的生物。

攻击方式

敌对的狼会向你猛扑过来,通过每次击打造成伤害。

北极熊

生命值	♥	30
攻击力	♥	4–9
击杀方法		
掉落物	0-2 0-2 1-3	

生成所需亮度: 15 — 0

行为
　　成年北极熊是中立的，但如果被玩家攻击，或是玩家太过靠近它们的幼崽，北极熊就会产生敌意。幼熊是被动的，遭到攻击就会逃离，但是在41×41×41区域内的所有成年北极熊都会敌视并攻击你作为报复手段。

专有能力
　　北极熊是游泳健将。它们被打败后有概率掉落生鱼。

生成地点

雪山

冰刺之地

冰原

攻击方式
　　北极熊会直立上身用后腿行走，并且高举它们的前爪向你猛砸。

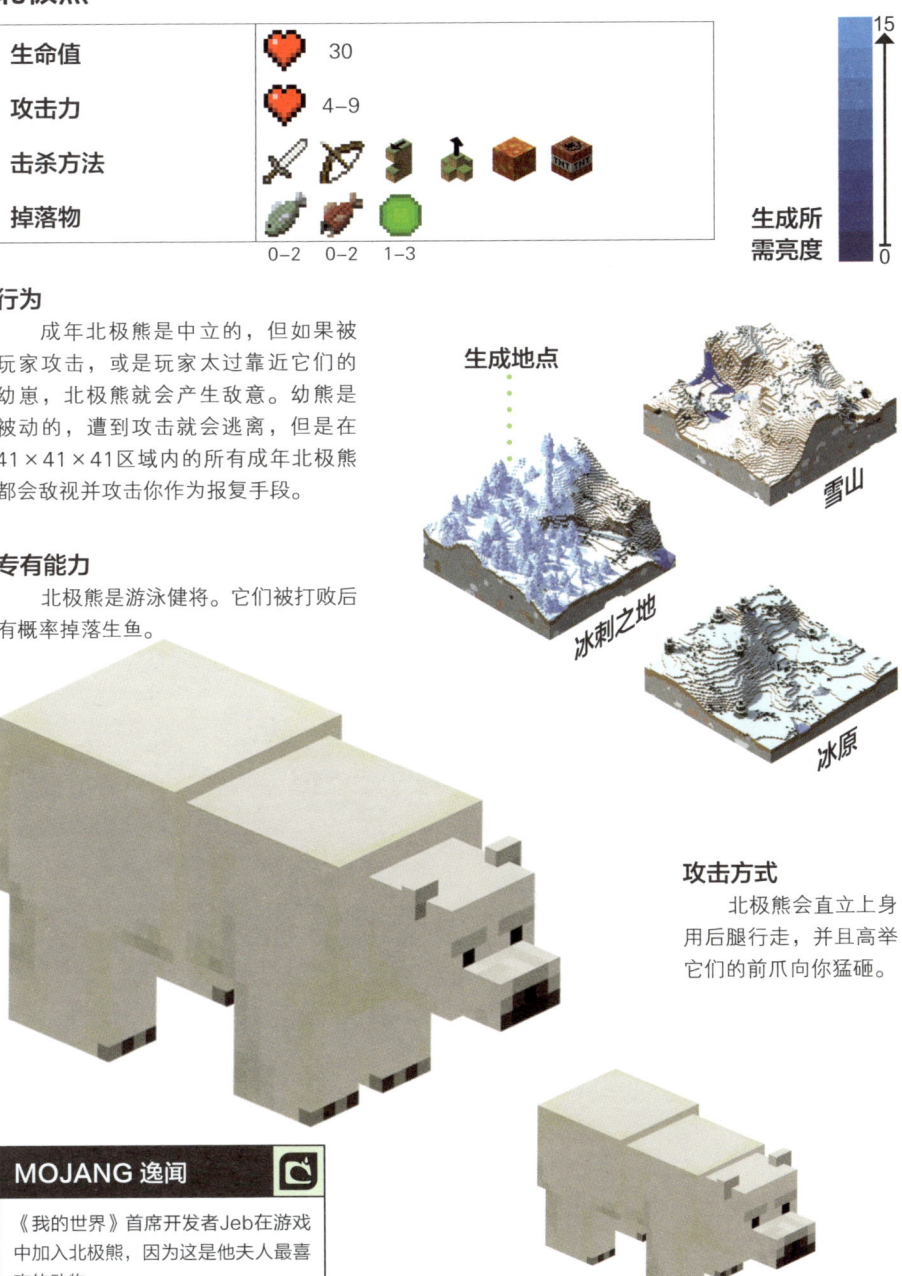

MOJANG 逸闻
《我的世界》首席开发者Jeb在游戏中加入北极熊，因为这是他夫人最喜欢的动物。

蜘蛛

生命值	♥	16
攻击力	♥	2–3
击杀方法		
掉落物	0–2 0–1 5	

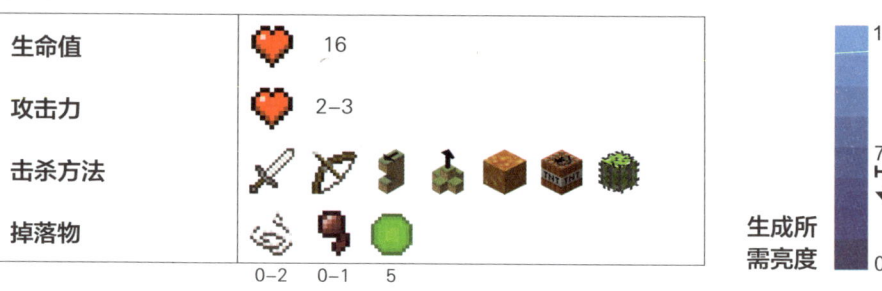

行为

蜘蛛在亮度为11或以下时，与玩家和铁傀儡敌对。如果在更高的亮度下，它们不会主动攻击，除非被激怒。一旦它们产生敌意，就会不断与你缠斗，即使亮度升高也不会停止。

专有能力

蜘蛛能够越过障碍以及爬上高墙。它们免疫中毒效果。

攻击方式

蜘蛛会扑向它的对手，通过每次击打造成伤害。

生成地点

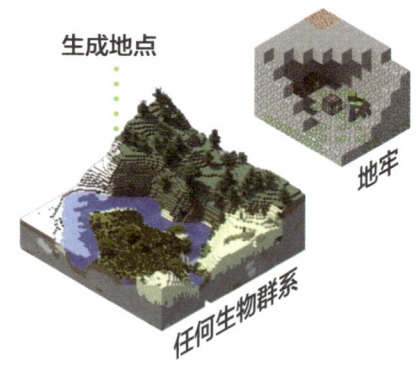

地牢

任何生物群系

变种：洞穴蜘蛛

专有能力

洞穴蜘蛛会分泌毒液，让你在一段时间内中毒。它们足以穿过1格宽、半格高的空间。

击杀方法		

生成地点

废弃矿井

洞穴蜘蛛

> **你知道吗？** ↗
>
> 普通蜘蛛偶尔会在背上生成一只骷髅。这种令人胆寒的蜘蛛骑士结合了蜘蛛的迅捷灵敏以及骷髅的射箭技术，这使它所向披靡。

末影人

生命值	❤	40
攻击力	❤	4–10
击杀方法		
掉落物		0–1 5

行为

末影人对玩家没有敌意，除非受到攻击或因玩家直视它们的头部而被激怒。一旦被激怒，它们会愤怒地颤抖并发出嘶鸣，接着冲向你发起进攻。末影人还会攻击视野内的末影螨。

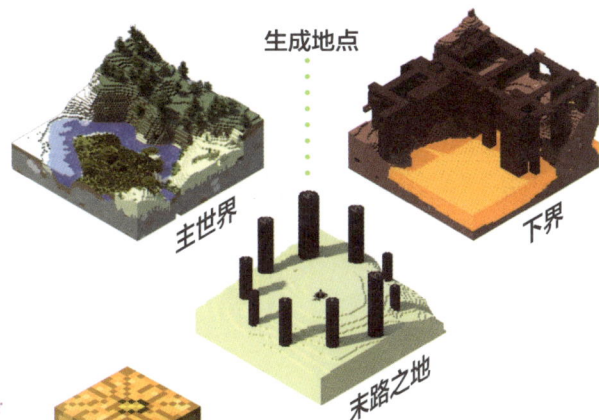

生成地点

主世界　下界　末路之地

专有能力

末影人使用瞬移躲避伤害。它们死后会掉落末影珍珠，投掷后会将你传送至落点处。末影人还能够拿起并放置特定的方块。

攻击方式

末影人会瞬移到你身边，通过击打造成伤害。

小知识 ↗

在你的头部佩戴南瓜，即使你盯着末影人，它还是会保持中立。详见第89页了解如何装备盔甲。

MOJANG 逸闻

末影人讨厌末影螨，因此你可简单利用这种恶心的小虫子使其分心。比如你能将末影螨装入矿车内，让它从末影人面前驶过，用这招将它们引开或者诱导它们跌入你精心准备的深坑。

敌对生物

敌意等级

敌对生物会使你的生活变得异常艰难，甚至能够在顷刻间将你送回重生界面。如果你在狭小的空间，或是在地下挖矿时遭遇它们可能会特别棘手。不过它们和中立生物相同的是，当你成功打败它们之后就会掉落一些实用的物品。

僵尸

生命值		20
攻击力		2–4
击杀方法		
掉落物		0-2　罕见　罕见　罕见　罕见　0-1　5-12

生成所需亮度

生成地点

任何生物群系

行为

僵尸在7或以下的亮度中，以4只为一群生成。有些僵尸在生成时即穿戴盔甲，这些在它们死亡后有概率掉落。它们无法生成于玻璃这类透明方块上方。僵尸向前伸出双臂缓慢地踉跄前行，发出低沉的呻吟。它们在阳光下会着火，因此早晨太阳升起后就会试图寻找阴影躲避。

> **你知道吗？**
>
> 与天然生成的装备不同，僵尸总会在死亡后掉落它们之前捡到的装备。或许这就是为非作歹的证据……

专有能力

如果你把游戏难度设置为困难，僵尸能够打破木门。它们可以捡起地上的物品，包括可供使用的武器和工具，以及用来穿戴的盔甲。佩戴头盔后，僵尸就能在太阳的炙烤下安然无恙。

有用的掉落物

僵尸掉落0-2块腐肉，你可以在紧急情况下用它充饥，不过很可能导致食物中毒。你也可以用腐肉喂食和治愈被驯服的饿狼。僵尸还会掉落任何它们捡到的装备，比如武器、工具和盔甲。如果它们死于高压爬行者的爆炸，就会掉落僵尸头颅。

攻击方式

僵尸会追逐40格视野内的玩家、村民和铁傀儡。除非遇到一大群僵尸，否则解决它们并非难题——它们会通过每次碰撞对你输出伤害，并且击退你，这有可能导致你跌入熔岩或从悬崖上坠落。

僵尸变种

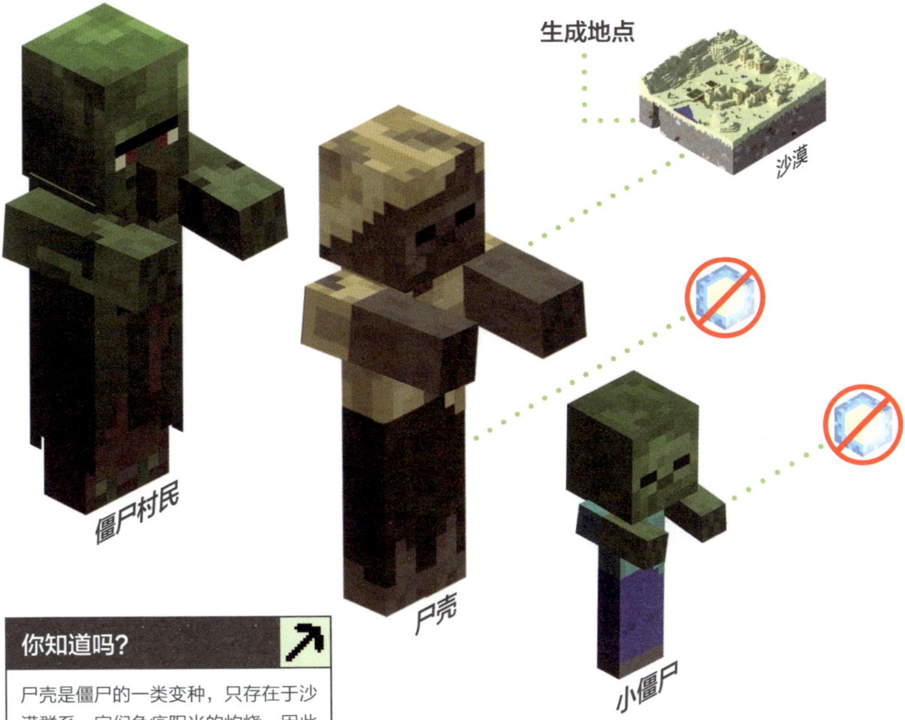

生成地点

沙漠

僵尸村民

尸壳

小僵尸

你知道吗？ ↗

尸壳是僵尸的一类变种，只存在于沙漠群系。它们免疫阳光的灼烧，因此特别难对付。

爬行者

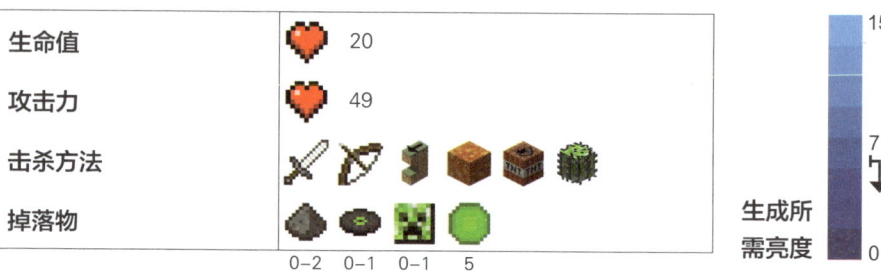

生命值	❤ 20
攻击力	❤ 49
击杀方法	🗡 🏹 🟫 🟫 🟫 🌵
掉落物	⚫ 💿 🟢 🟢 0-2 0-1 0-1 5

生成所需亮度: 0 – 15

行为

爬行者移动时几乎没有声音，四处搜寻玩家作为目标。当它们足够接近玩家时身体就会膨胀爆炸。

生成地点

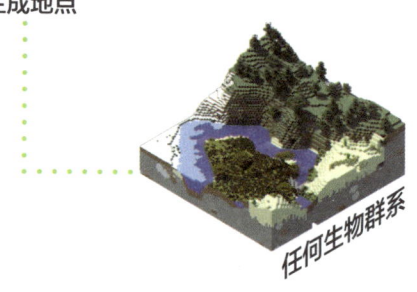

任何生物群系

专有能力

爬行者免疫阳光的灼烧，在太阳升起后继续为寻找玩家而到处游走。它们在追逐目标时还具有攀爬梯子和藤蔓的能力。

攻击方式

当距离玩家3格以内时，爬行者在爆炸前会闪光并且发出"嘶嘶"的声音。一旦它们开始"嘶嘶"作响，要是你想让爆炸停止，就需要在1.5秒内逃离爆炸范围（7格）。

有用的掉落物

爬行者有概率掉落TNT合成所需的火药,如果它被骷髅击杀就会掉落一张音乐唱片。你需要一台唱片机来播放音乐唱片。合成唱片机的材料可由任意品种的木板混搭。

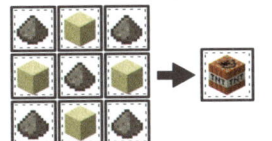

TNT 合成配方　　　唱片机合成配方

变种:高压爬行者

生成地点
在闪电劈中普通爬行者附近的3-4个方块以内生成。

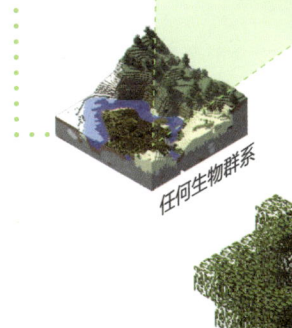

闪电

任何生物群系

专有能力

高压爬行者的爆炸威力是普通爬行者的两倍。这类爆炸会导致任何不幸卷入其中的僵尸、骷髅或普通爬行者掉落各自的生物头颅。这些稀有的方块可用作装饰品或者当成头盔。穿戴生物头颅将会缩小怪物发现你的范围,从而降低遭遇袭击的概率。

骷髅

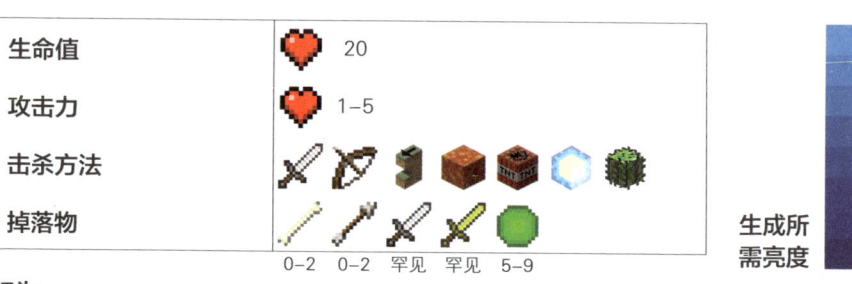

生命值	20
攻击力	1–5
击杀方法	
掉落物	0–2 0–2 罕见 罕见 5–9

行为

骷髅在行走时会发出"咔咔"声，寻找四周的玩家作为射击对象。它们在日出后会寻找阴影躲藏，避免被灼烧。

攻击方式

骷髅会追逐视野内的玩家。一旦它们进入8格的距离内就会对你射箭，同时以你为中心绕圈，使你的攻击难以命中它们。

生成地点

任何生物群系　下界要塞　地牢

专有能力和有用的掉落物

骷髅可以攀爬梯子。它们还能捡起物品，包括可供装备或使用的工具、武器和盔甲。它们也可能在生成时穿戴盔甲。死亡后，骷髅会掉落之前捡到的物品，同时有概率掉落天然生成的装备。

变种：流髑

流髑只出现在下雪的生物群系中。它们射出的药箭会造成长达30秒的迟缓效果。流髑死亡后也有概率掉落一支迟缓药箭。

生成地点

冰刺之地　雪山　冰原

骷髅骑手

生命值	❤	35
攻击力	❤	1–10
击杀方法	🏹	
掉落物	🦴 🏹 🟢	0–2 0–2 5

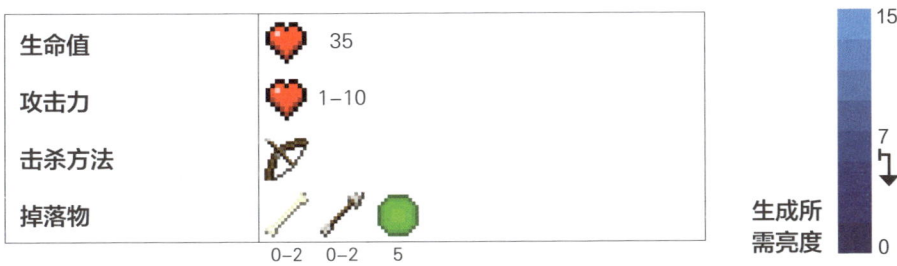

生成所需亮度

行为

骷髅骑手行动非常迅捷，与骷髅一样，会围绕它们的对手转圈。如果你击杀了一名骷髅骑手，它的骷髅马将会被驯服，你可以给它装上鞍以供骑乘。

闪电

生成地点

当闪电劈中普通的马时就会生成一匹骷髅陷阱马。如果玩家在10格的距离以内，骷髅陷阱马再次被闪电劈中，它将会变为4名骷髅骑手。

任何生物群系

专有能力

骷髅骑手生成时即佩有附魔弓和附魔头盔。

攻击方式

骷髅骑手使用它们的弓射击视野内的玩家。

守卫者

生命值	♥	30
攻击力	♥	4–9
击杀方法	🎣 ⚔️	用钓鱼竿将它拖出水面，然后用钻石剑击杀。
掉落物	(0-2) (0-1) (0-1) (0-1) (0-1) (0-1) (10)	

生成所需亮度 15 – 0

行为

守卫者是为了保护海底遗迹中的宝藏而存在的。它们在遗迹内外巡逻，攻击视野内的玩家和鱿鱼。

攻击方式

守卫者会用激光对你射击，射程最远可达15格。它们还能伸出皮肤上的尖刺，如果你在这时击打守卫者将会受到2点（1颗红心）伤害。

专有能力

守卫者虽然生活在水中，却不会在干燥的陆地上窒息，尽管它们会到处扑腾并且愤怒地发出"吱吱"声。

生成地点

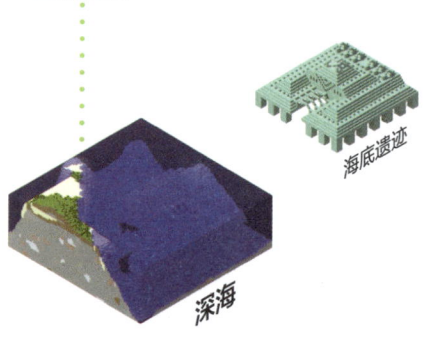

深海 / 海底遗迹

你知道吗？

你一定已经注意到海底遗迹位于水下。所以如果你想要去这里探索，就需要为你的装备附魔深海探索者和水下呼吸。

远古守卫者

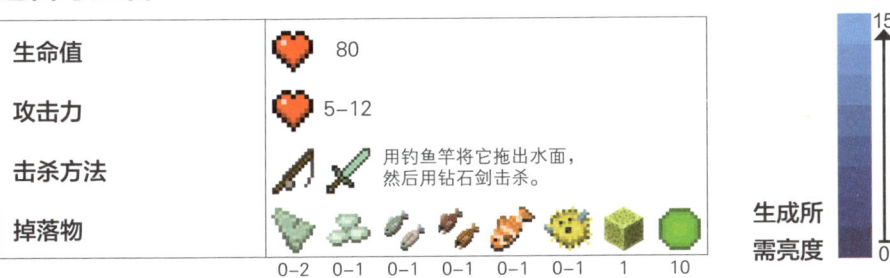

生命值		80
攻击力		5–12
击杀方法		用钓鱼竿将它拖出水面，然后用钻石剑击杀。
掉落物		0-2　0-1　0-1　0-1　0-1　0-1　1　10

行为

你会在每座海底遗迹中发现三只远古守卫者——其中一只在顶层的房间内，另外两只分别位于两边的侧翼区域——共同看管着遗迹的宝藏。它们会攻击视野内的玩家和鱿鱼。

专有能力

与守卫者相同，远古守卫者不会在干燥的陆地上窒息。

攻击方式

远古守卫者和守卫者一样具有激光攻击以及防御尖刺，还能造成长达5分钟的挖掘疲劳III效果——玩家挖掘方块会非常缓慢，并且攻击速度也会降低。

生成地点

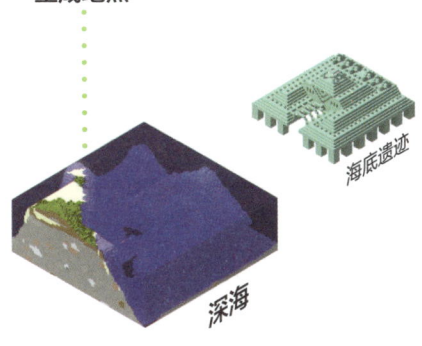

MOJANG 逸闻

如果远古守卫者没有挖掘疲劳III对玩家造成影响，那么凿穿墙壁在海底遗迹中穿行就显得太过轻松。但是从开发者的角度来看，施加这个效果的过程相当难以表现。解决方案——守卫者的面部鬼影会突然出现在屏幕上。结果这个表现方式成为游戏中最成功的惊悚画面之一（或许不是故意的）。

蠹虫

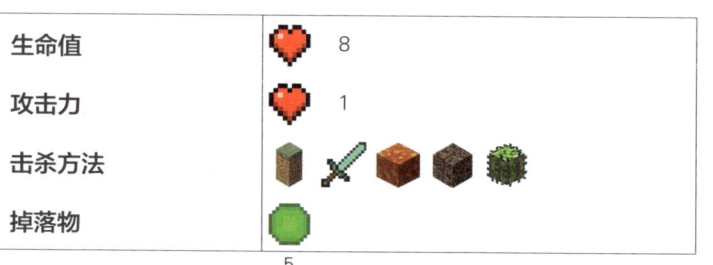

生命值	❤	8
攻击力	❤	1
击杀方法		
掉落物		5

生成所需亮度

行为
除了从要塞的刷怪箱中直接生成，休眠的蠹虫还会栖息在怪物蛋方块内，当玩家挖掘该方块时就会现身。

专有能力
当蠹虫遭到攻击后，它会唤醒其他蠹虫来助阵。它们能够透过墙体看见你，并且利用该能力找到接近你的路线。

攻击方式
蠹虫冲向玩家并输出伤害，并且通过接触造成击退。你很快会发现自己被团团包围。

生成地点
如果要塞、雪屋地下室以及峭壁群系中的怪物蛋被破坏就会出现蠹虫。它们也会由要塞内的刷怪箱生成。

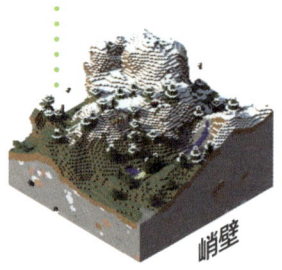
峭壁

要塞

雪屋地下室

你知道吗？
如果你行动迅速，并且用钻石剑将蠹虫一击毙命，其他邻近的蠹虫将不会收到警报。

末影螨

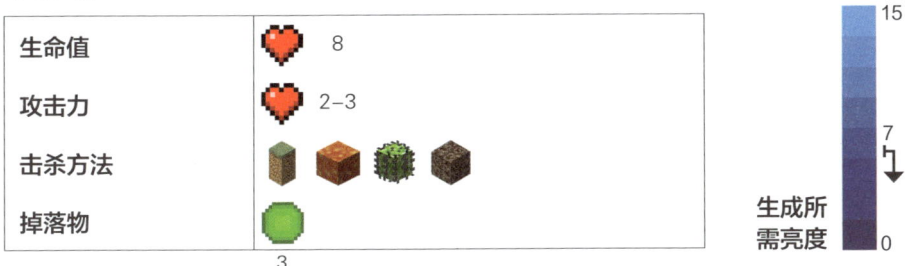

生命值	❤	8
攻击力	❤	2–3
击杀方法		
掉落物		3

生成所需亮度

行为

末影螨是游戏中最小的生物。投掷末影珍珠时它们会偶然生成。末影螨蠕动时身后会留下一串紫色的颗粒效果，并且会攻击16格以内的玩家。当它们没有攻击目标，有时会试图钻入方块。

专有能力

末影螨会在生成两分钟后消失。如果一只末影螨被攻击，所有邻近的末影螨都会发起反击。

攻击方式

末影螨冲向玩家，通过撞击造成伤害。与蠹虫情况相同，你会很快发现自己身陷重重包围。

生成地点

在投掷末影珍珠时有很低的概率生成末影螨。

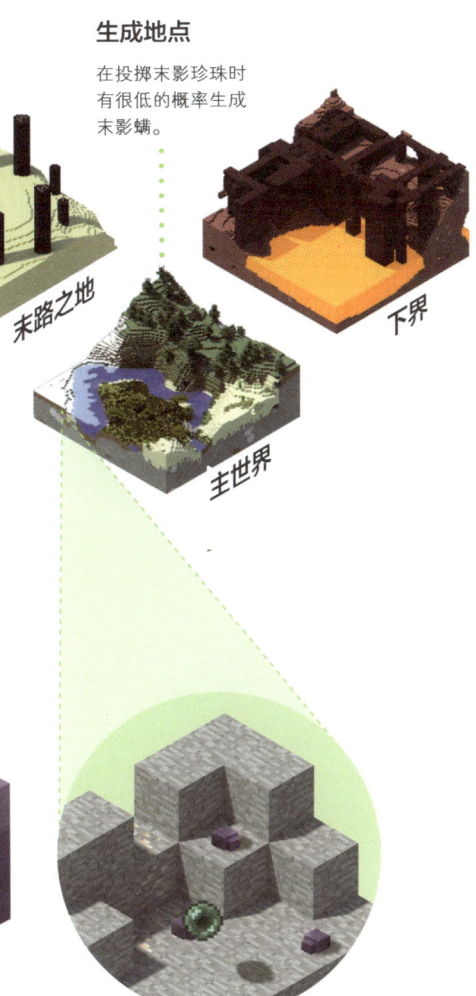

女巫

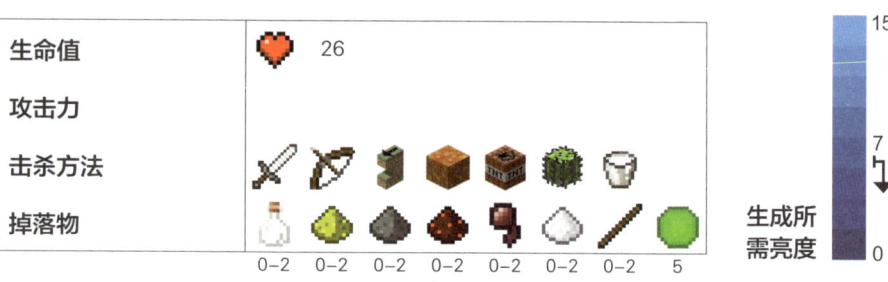

生命值		26
攻击力		
击杀方法		
掉落物		

生成所需亮度: 15 / 7 / 0

行为
女巫会四处游荡，寻找玩家。诡异的笑声会向你警示她们的存在。

攻击方式
女巫向你投掷具有负面效果（剧毒、迟缓、虚弱和伤害）的喷溅药水，而自己则饮用正面效果的药水进行治疗或增强能力。

有用的掉落物
女巫有概率掉落3种以上列举的物品，每种物品最多掉落2份。她们最多可掉落共计6件物品。

生成地点
当闪电劈中村民，附近的3-4个方块以内也能够生成女巫。

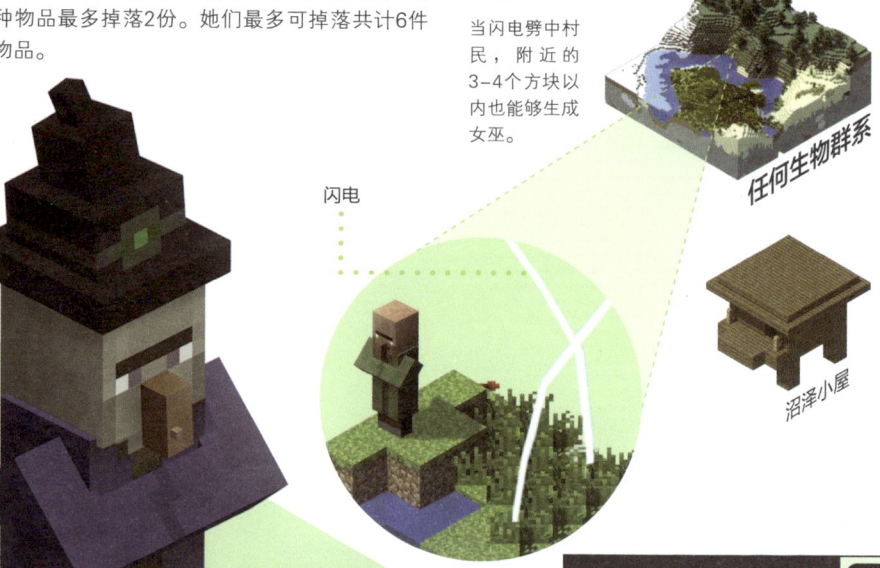

任何生物群系

闪电

沼泽小屋

你知道吗？
女巫不擅长多任务处理——她们在饮用正面效果药水的同时无法攻击。当看见她们开始治疗自己时，你就应抓住机会发起突袭。

MOJANG 逸闻
长久以来，女巫从未有过任何音效。当这些音效终于落实后，开发者竟忘了将消息公之于众。在洞穴中摸爬滚打的玩家忽然听见黑暗中传来一阵闻所未闻的诡异笑声，甚至有人认为游戏中发生了灵异现象！

史莱姆

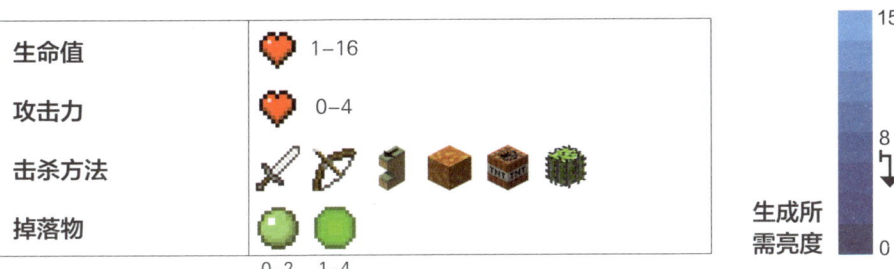

生命值	1–16
攻击力	0–4
击杀方法	
掉落物	0–2 1–4

生成所需亮度

行为

史莱姆有大、中、小三种体形。它们弹跳着移动，搜寻玩家作为攻击对象，并且对铁傀儡怀有敌意。

专有能力

史莱姆可在水中游泳。它们还具备复制的能力——如果你击杀一只大型史莱姆，它将会分裂成四只中型史莱姆；而如果你击杀一只中型史莱姆，它则会分裂成四只小型史莱姆。大型和中型史莱姆只会掉落经验值，而小型史莱姆还会掉落黏液球，可用于数种合成配方，包括黏性活塞和拴绳。

生成地点

史莱姆在主世界任意生物群系中高度低于40的位置生成。在沼泽群系的生成高度则为50–70。

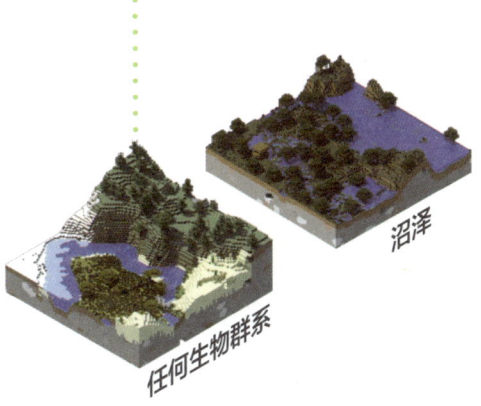

沼泽

任何生物群系

攻击方式

史莱姆会向你弹跳，它们通过接触造成伤害。

刉（cǔn）民

刉民是普通村民的一类敌对变种。外貌看起来与村民相似，不过他们身着深色长袍，并且皮肤呈病态的灰暗色调。卫道士和唤魔者都属于刉民，他们可见于林地府邸。

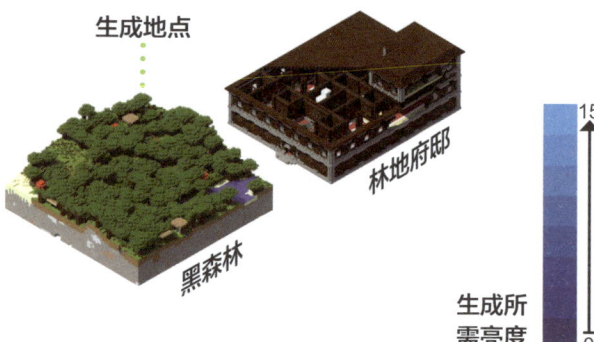

生成地点

林地府邸

黑森林

生成所需亮度

变种：卫道士

生命值	♥ 4
攻击力	♥ 7–19
击杀方法	🗡️ 🗡️ 🏹 🌵
掉落物	🟢 🪓 🟢 0–1 0–1 5

行为
卫道士以2–3名为一组，生成于黑森林群系中的林地府邸。他们对玩家和普通村民怀有敌意，并且会对视野内的目标展开追杀。

攻击方式
卫道士会迅速靠近敌人，将手中的铁斧作为武器，通过挥砍造成伤害。

有用的掉落物
卫道士被击杀后有概率掉落绿宝石。在NPC村庄，这些可用来与他们那些友善的亲戚进行交易。

MOJANG 逸闻

刉民曾一度被命名为"刁民"和"恶民"，然而还是选择"刉"作为"村"的谐音更有趣味。

变种：唤魔者

生命值	❤ 24						
攻击力	❤ 6						
击杀方法	🗡	🗡	🏹	▪	▪	▪	🌵
掉落物	🟢	🧍	🟢				
	0–1	1	10				

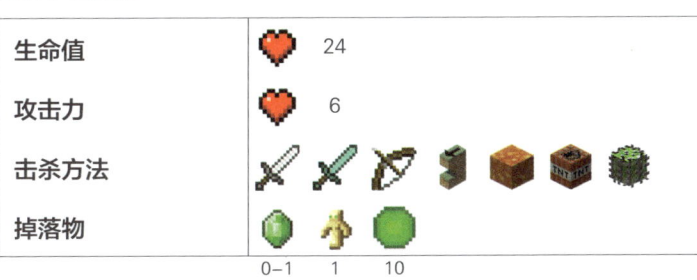

行为

唤魔者在林地府邸中单独生成，并且对玩家和普通村民怀有敌意。

有用的掉落物

被击杀后，唤魔者会掉落强力的稀有物品——不死图腾。手持该物品能够在濒死状态下救活持有者。

攻击方式

唤魔者采用特殊的尖牙攻击——通过召唤一连串从地板上冒出的尖牙撕咬他们的对手。唤魔者还可以召唤三只恼鬼加入战斗。

恼鬼

生命值	❤ 14				
攻击力	❤ 5–13				
击杀方法	🗡	🗡	🏹	▪	▪
掉落物	🟢				
	3				

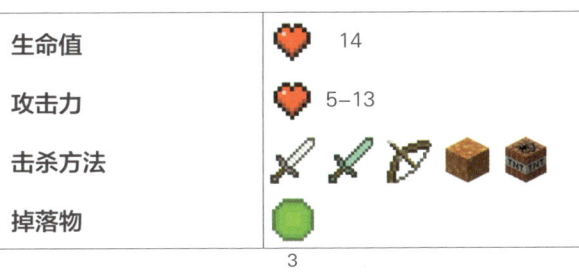

行为

恼鬼由唤魔者召唤而来。它们佩有铁剑，飞向最接近的玩家或普通村民并发起攻击。

专有能力

恼鬼具有穿越任何方块的能力，经常可观察到它们钻进府邸的地板后消失不见……

攻击方式

恼鬼飞向玩家或村民，并用手中的剑挥砍目标。

3

生存

　　现在你已对《我的世界》中的地形和生物了如指掌，是时候开启你的初次游戏旅程了。在本章节中，你将学会如何寻找食物以及保护自身安全的材料。随着进一步探索，你还会了解搭建庇护所和农场的方法、开采矿物的秘诀以及在战斗中克敌制胜的法门。

你的第一天

当你初次踏上这个世界,与时间赛跑的发令枪就已打响,必须在夜幕降临前收集足够的资源才能躲过敌对生物的猎杀。虽然每次冒险都有着不同的经历,但是通过学习这篇循序渐进的指导,至少能保证你安全存活到第二天。

第一天

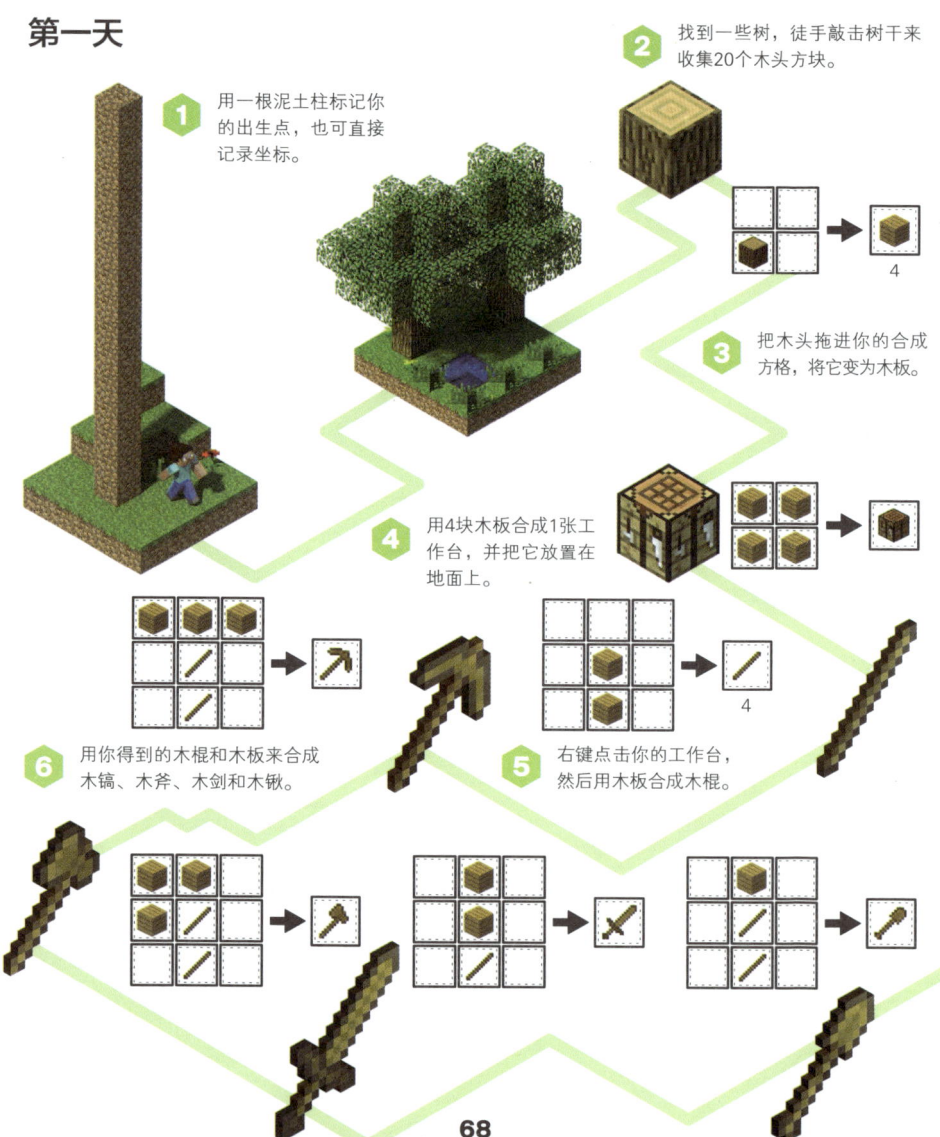

1. 用一根泥土柱标记你的出生点,也可直接记录坐标。
2. 找到一些树,徒手敲击树干来收集20个木头方块。
3. 把木头拖进你的合成方格,将它变为木板。
4. 用4块木板合成1张工作台,并把它放置在地面上。
5. 右键点击你的工作台,然后用木板合成木棍。
6. 用你得到的木棍和木板来合成木镐、木斧、木剑和木锹。

你知道吗？

还没来得及搭建庇护所？那就站在一根3格高的泥土墩上直到第二天开始，这样敌对生物就无法触及你了。你也可以垂直向下挖开3格，跳入其中并且在头上放置一个方块等待黎明。在墙上插根火把，这样你就不会在黑暗中感到局促不安。

11 击杀3只羊，然后合成一张床。这能让你在睡眠中度过夜晚。

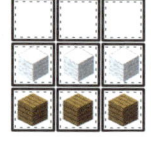

12 合成一个熔炉。这使你能够把物品烧炼成更有应用价值的形态。

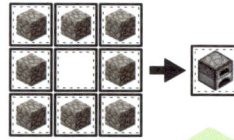

14 当你的饥饿条开始下降，就可以食用熟肉了（详见第74–75页）。

13 将你的木制工具当作燃料来烹饪生肉（你目前还不需要进食）。

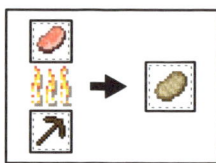

15 回到之前的山丘向更深处挖掘，直到你发现了煤矿石。

16 挖掘尽可能多的煤矿石方块——每块都会掉落一份煤炭。

你知道吗？

哪里都找不到煤矿石？木炭可用来代替煤炭制成火把。在熔炉的两个方格中都放入木头就能烧制木炭。

21 用火把将你的洞穴点亮，以防敌对生物在夜间生成。关上房门，你就能安心睡觉或是等待黎明的到来。请避开从门外可见的位置，尽量藏在角落里。

MOJANG 逸闻

第一天对你来说小菜一碟？不如尝试一下"404挑战"，这在早年的《我的世界》游戏中非常风靡。挑战的名称表示世界种子代码为404，你会出生在一片广阔的沙砾平原上，地表的正下方就是巨大的洞穴。你有一整天时间收集地面上的资源，然后就要在夜晚的洞穴中努力生存下去！

你知道吗？

如果你赶不及在日落前制成床，那就利用夜晚的时间来烹饪生食以及合成更多装备（详见下页中的合成配方）。要是你觉得自己勇气十足，你还可以直接在庇护所下方挖矿。

20 合成一扇木门，并且在庇护所的外部将它朝内放置。

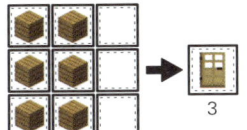

19 把庇护所的洞穴拓宽成"L"形，这样你就能躲在拐角处了。

18 现在你可以在熔炉里使用煤炭了——它可以烧炼更多物品。

17 合成火把，这些可以插在其他方块上提供照明。

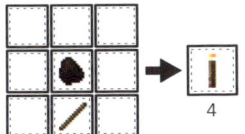

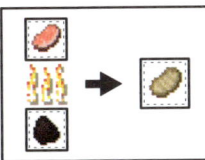

71

你的第二天

可喜可贺——你成功活到第二天了！现在到了给你的物品栏补充物资的时候，消灭所有躲在暗处侥幸逃生的敌对生物，然后合成更多的物品。以下是一些在初始阶段非常实用的合成配方。

箱子

箱子具有27个方格，用来储存方块和物品。在你的庇护所内摆放两个相邻的箱子形成一个大型箱子，并且将材料从你的物品栏中放入箱子，空出宝贵的空间。

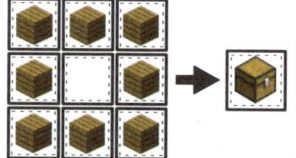

梯子

梯子可让你既快速又安全地上下攀爬。当你遇到陡峭的悬崖，以及在向地下深处挖掘时，它们就能派上用场了。只需把梯子铺设在你想攀爬的方块侧面即可。

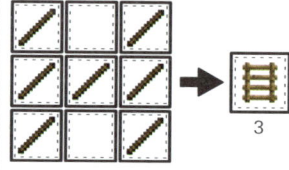

船

船能让你以更快的速度在水上航行——如果你住在海边，这是笔极好的投资。当你有天想去探索远离家园的新生物群系时，船是你必不可少的交通工具。

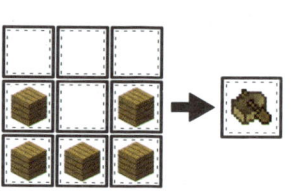

MOJANG 逸闻

破坏箱子时，其中的物品会全部掉落。如果你想要随身携带所有东西，那就用潜影壳和箱子来合成潜影盒。

活板门

如果你想要在极低的下方挖矿，那么在入口处放置一扇活板门是个不错的想法，它能防止敌对生物从中爬出。你需要要对着入口侧面的方块安装活板门。

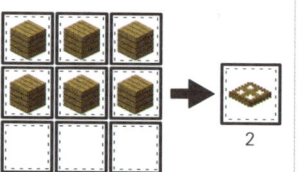

碗

如果你想烹饪兔肉煲、蘑菇煲或甜菜汤，你会要用到碗。详见第76–77页中的更多信息。碗还可对哞菇使用，即刻就能获得蘑菇煲。

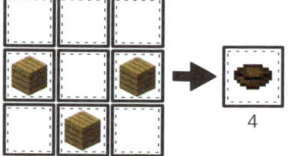

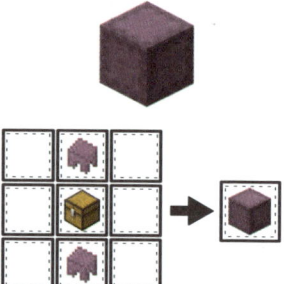

铁矿石

你的下一个优先事项就是去寻找铁矿石，它们可被冶炼成铁锭，用来打造多种工具和武器。铁矿石可见于海平面以下地层，通常以4-10块分布，形成矿脉。在石头中寻找橙色的斑点，接着用你的石镐挖掘尽可能多的铁矿石。开采完毕后，你需要把它们放入熔炉冶炼成可锻造的铁锭，之后就能将它应用在以下的合成配方中。

铁制工具和武器

升级你的工具和武器——采用第69页中的配方，不过要把圆石替换成铁锭。

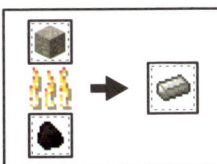

铁门

和木门不同，僵尸永远无法打破铁门。尽管如此，但它们比木门更加烦琐，你需要在门的内外两侧都装上按钮来激活开启。

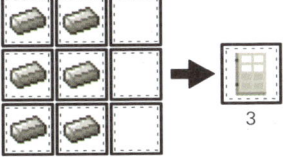

打火石

对着非透明方块使用打火石就能产生火焰。你将需要用它点燃TNT以及激活下界传送门。打火石由铁锭和燧石（有概率从沙砾中掉落）合成。详见第55页中TNT的合成配方。

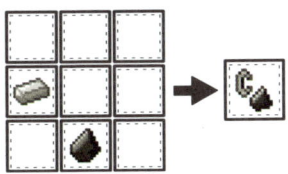

桶

桶这种工具让你能够盛起水和熔岩并且随身携带。之后你可以将桶内的液体倾倒在别的地方。桶还可用来对牛和哞菇挤奶。

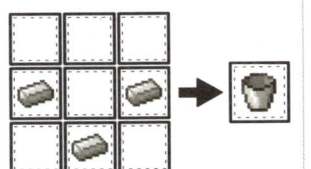

剪刀

剪刀可以在不杀死羊的情况下，从羊身上收剪羊毛——这比击杀它们获得的羊毛更多。另外当你探索丛林群系时，剪刀尤其好用，因为它们能快速剪掉挡路的树叶。

你知道吗？

你还能打造金制和钻石制工具及武器——用金锭或钻石代替铁锭即可。金制装备损耗得很快却最容易附魔，而钻石制装备最为耐用。详见第86-87页了解寻找金矿石和钻石矿石的方法。

生命和食物

在生存模式中,你需要留意自己的生命条和饥饿条,它们位于快捷栏的上方。当你受到伤害后,及时补充食物进行恢复尤为重要,否则你的生命条降到零就会导致死亡。

生命值

你在生存模式下出生时就拥有满格的20点生命值(10颗红心)以及20点饥饿值(10根小腿)。游戏过程中,你会承受伤害,消耗体力以及遭遇饥饿。为了恢复你的生命值,就需要进食并暂时避免再次受伤。你的饥饿条显示了自身的饥饿程度——当它充满时你将无法继续进食。

以下行为会损耗你的生命值:

战斗过程中你的生命值会急速损耗,因此在快捷栏里常备食物是明智的选择。不同品种的食物恢复的饥饿值也有所差异,详见下文数据。

生牛肉 3点饥饿值

 牛排 8点饥饿值

 生猪排 3点饥饿值

 熟猪排 8点饥饿值

 生鸡肉 2点饥饿值

 熟鸡肉 6点饥饿值

 生羊肉 2点饥饿值

 熟羊肉 6点饥饿值

 生兔肉 3点饥饿值

 熟兔肉 5点饥饿值

肉类

大多数动物死后会掉落生肉。如果它们被火烧死，掉落的生肉将被烤熟。肉类是绝佳的营养来源，因为它所恢复的饥饿值超过水果和蔬菜。熟肉能比生肉恢复更多的饥饿值。

鱼类

如果你有钓鱼竿并且离水体较近，生鱼这类食材是取之不尽的营养来源。此外还可以通过击杀北极熊和守卫者获取生鱼（详见第49页和第58-59页）。把鱼放进熔炉内烹饪将会增加它所能恢复的饥饿值。使用钓鱼竿，将鱼钩抛入水中。当鱼漂下沉时，把鱼线收回就能知道收获如何。

> **小知识**
>
> 钓鱼并非只能捕获鱼类——你将有概率钓到垃圾物品，而在偶然情况下才有像附魔书这类珍贵的物品。你还可以为自己的钓鱼竿附魔——这能增加你钓到好东西的概率。

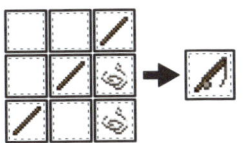
钓鱼竿合成配方

 小丑鱼 1点饥饿值

 熟鳕鱼 5点饥饿值

 生鳕鱼 2点饥饿值

 熟鲑鱼 6点饥饿值

 生鲑鱼 2点饥饿值

水果和蔬菜

水果和蔬菜不及肉类所能恢复的饥饿值,不过当你找不到任何动物时,它们也是不错的替代品。如果你知道去何处寻找,那么它们在主世界中就随处可得,有几种还可被制成更有营养的食物。

> **你知道吗?**
>
> 胡萝卜、马铃薯和蘑菇可用来合成兔肉煲。

1 马铃薯可在村庄的农场中找到,另外僵尸偶尔也会在死后掉落。马铃薯可被放进熔炉中烹饪,以增加它所能恢复的饥饿值。

一颗马铃薯恢复1点饥饿值,而一颗烤马铃薯则可以恢复5点饥饿值。

2 甜菜根可见于NPC村庄农场。它能够即刻食用,也可以合成甜菜汤。

甜菜根恢复1点饥饿值,而甜菜汤可以恢复6点饥饿值。

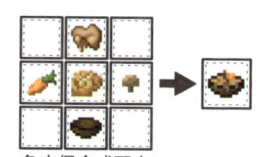

兔肉煲合成配方

甜菜汤合成配方

3 胡萝卜可在村庄的农场中找到。僵尸在死后也偶尔会掉落胡萝卜。

恢复3点饥饿值。

4 苹果可以通过摧毁橡树以及深色橡树树叶获取,还能在天然生成的箱子中找到。村民还有可能销售苹果以赚取绿宝石。

恢复4点饥饿值。

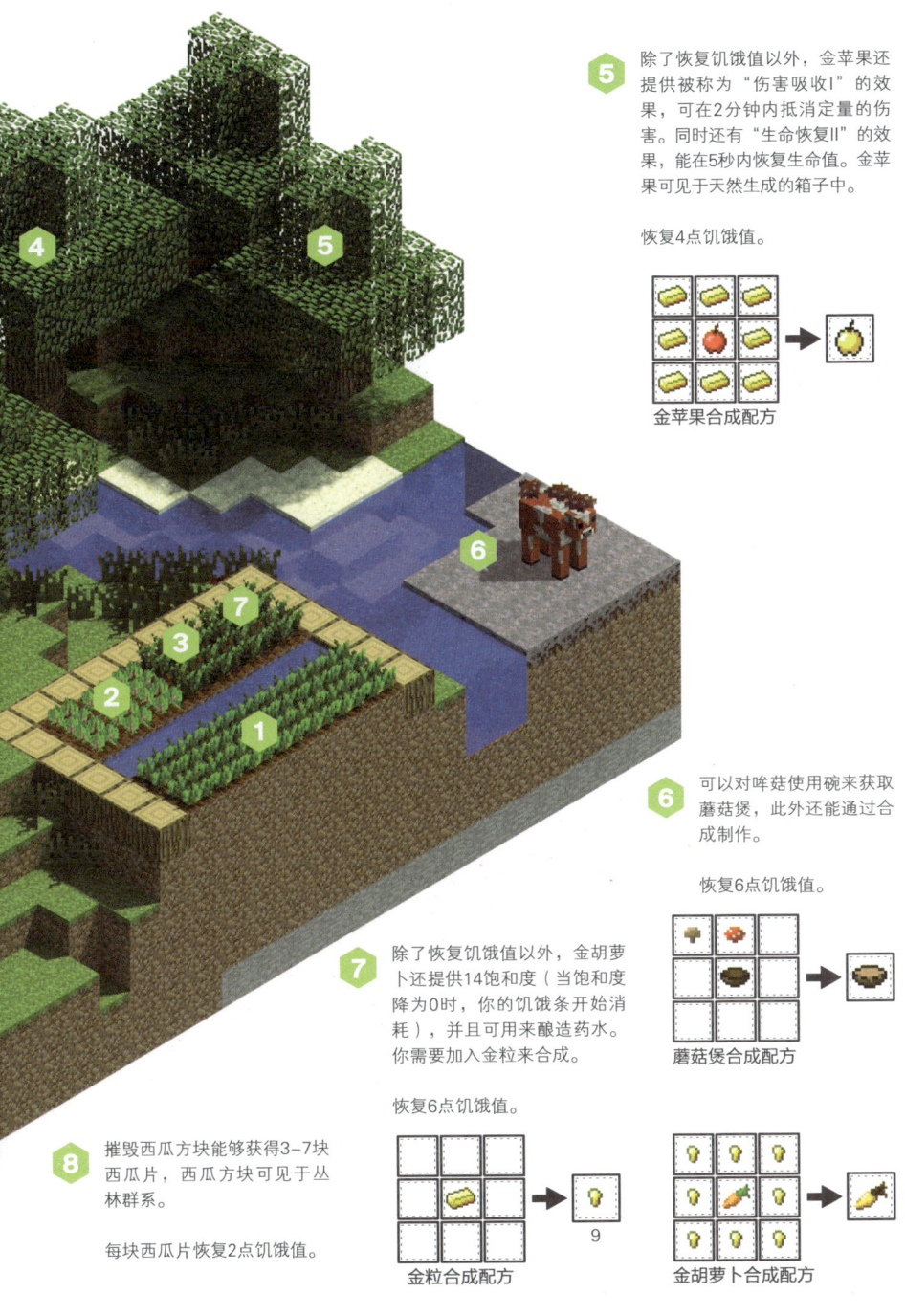

烘焙制品

有了正确的原料，你就能合成大量更加复杂的烘焙制品，在加满饥饿值的同时还为你的饮食增添了多样性。以下是寻找和收集必要材料的简单指导。

1 从NPC村庄农场，或是地牢、雪屋及林地府邸的箱子中获取小麦。

面包可见于天然生成的箱子中。村民中的农民会以1颗绿宝石的价格销售2–4块面包。

恢复5点饥饿值。

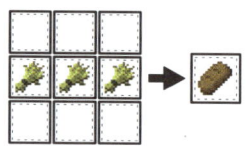

面包合成配方

2 在水边经常能找到甘蔗。在收割后，将它放入合成方格来制作糖。

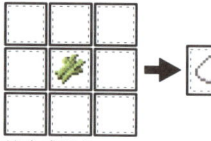

糖合成配方

基本原料

3 牛奶可通过对牛使用桶采集。

4 南瓜随机生成于主世界的草方块上方。

村民中的农民会以1颗绿宝石的价格销售2–3块南瓜派。

恢复8点饥饿值。

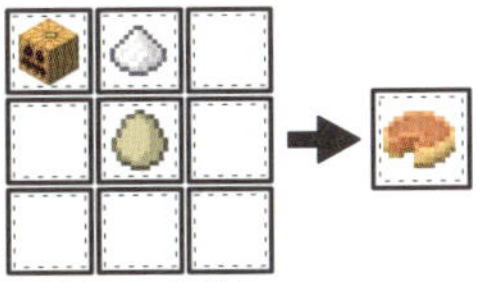

南瓜派合成配方

5 鸡蛋由鸡生产，在整个主世界中随处可见。

村民中的农民会以1颗绿宝石的价格销售1块蛋糕。必须将蛋糕放置在方块上才可食用。1块蛋糕共有7片，每次对它点击"使用物品"键，你就会吃掉其中1片蛋糕。

每片恢复2点饥饿值——总共恢复14点饥饿值。

村民中的农民会以1颗绿宝石的价格销售6块曲奇。

恢复2点饥饿值。

6 通过收割生长于丛林树侧面的可可果就能获得可可豆。

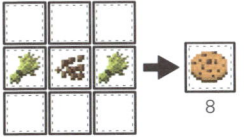

曲奇合成配方

蛋糕合成配方

建立自己的农场

尽管你可以从整个主世界中找到食物来源,但如果在庇护所旁边建立培育动植物的农场,你的生活将会大幅简化。这样即使足不出户,你也能获得源源不断的食物供给。

动物繁殖

如你所知,动物的用途广泛,因此投资建立动物农场必然物超所值。你需要备足每种动物繁殖所用的饲料,然后搭建围栏并把它们引入其中进行繁殖。

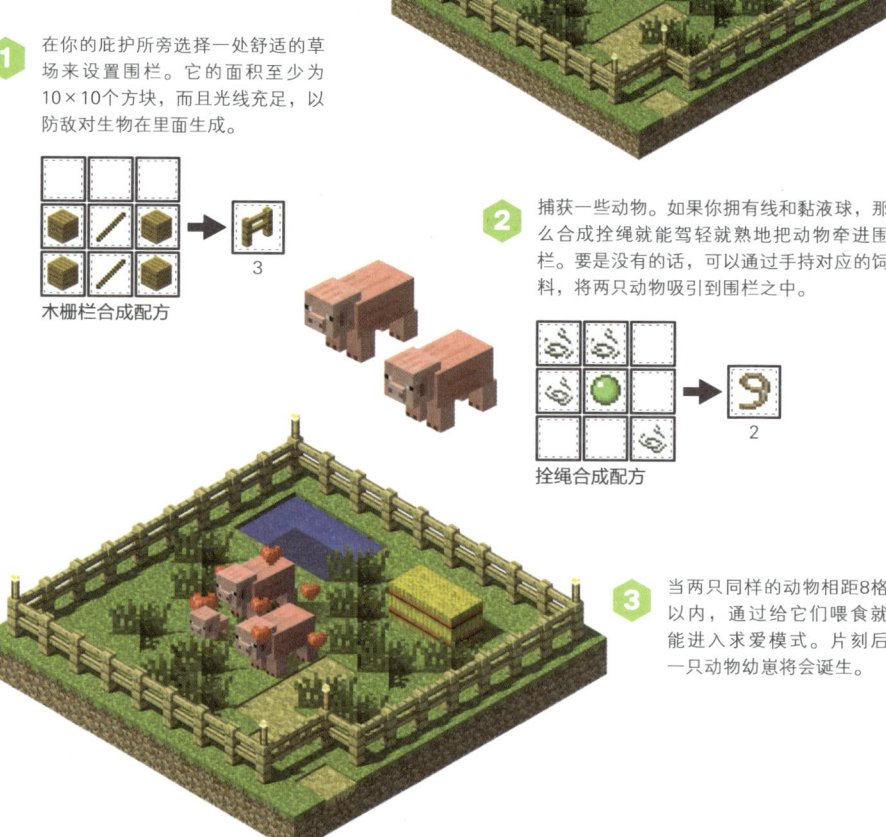

1 在你的庇护所旁选择一处舒适的草场来设置围栏。它的面积至少为10×10个方块,而且光线充足,以防敌对生物在里面生成。

木栅栏合成配方

2 捕获一些动物。如果你拥有线和黏液球,那么合成拴绳就能驾轻就熟地把动物牵进围栏。要是没有的话,可以通过手持对应的饲料,将两只动物吸引到围栏之中。

拴绳合成配方

3 当两只同样的动物相距8格以内,通过给它们喂食就能进入求爱模式。片刻后一只动物幼崽将会诞生。

繁殖所需饲料

兔子
蒲公英
胡萝卜
金胡萝卜

猪
胡萝卜
马铃薯
甜菜根

马
金苹果
金胡萝卜

羊
小麦

猫
生鳕鱼
生鲑鱼
小丑鱼
河豚

牛
小麦

哞菇
小麦

驯服后的狼
任何生肉
任何熟肉

羊驼
干草块

鸡
小麦种子
南瓜种子
西瓜种子
甜菜种子

小知识

厌倦了千篇一律的白色羊毛？你可以在羊繁殖前给它们染色来培育更多色彩艳丽的羊。出生的小羊将会继承双亲之一的毛色，如果这两种颜色可以调和，那么它的毛色将会是两者的混合。许多花朵可作为染料，仙人掌、青金石、可可豆和墨囊也可以。

农作物种植

不同作物所需的成长条件有所差异，构建合适的环境尤为重要。选择一块平坦的泥土区域，然后遵循以下步骤建立作物农场。

胡萝卜、马铃薯、甜菜根和小麦

1 从村庄农场中收集胡萝卜、马铃薯、甜菜根和小麦。通过摧毁草丛也有概率获得小麦种子。

2 合成一把锄头——你需要用它来将泥土犁为耕地。

铁锄合成配方

3 在你所选区域的中心灌入一格水源方块，然后用锄头围绕它犁出9×9格的耕地。

4 用栅栏围绕你的农场并开设一扇栅栏门，防止作物被饥饿的动物糟蹋。

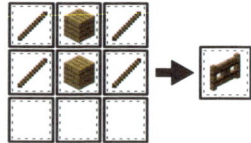

木栅栏门合成配方

5 在边角处插上火把为夜间提供照明（这些作物需要光照才能生长）。

6 栽种你的作物，然后等待它们完全长熟。如果你在它们成熟之前收割，那样只会掉落种子。在丰收时取出部分作物再次种植，保证农场的可持续发展。

小知识

骨粉是一种神奇的肥料。把它撒在你的作物上就能立即催熟。

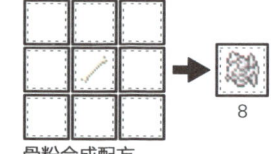

骨粉合成配方

甘蔗

甘蔗必须种植在水边的泥土、沙子或草方块上。它无须光照就能生长。你需要用甘蔗来制成用于烘焙的糖,还可做成书中的纸,以此进一步合成书架(当你开始给物品附魔,书架的用途就将显现)。

> **小知识**
>
> 在收割完全成熟(3格高)的甘蔗时应敲断它中间的方块,这样你就不用重新种植了。

西瓜和南瓜

西瓜和南瓜无须水源就能生长——只要耕地即可。用锄头犁一些泥土,确保侧面留有一格空间,然后种下西瓜或南瓜种子。一条梗会破土而出,最终在毗邻的方块上长成一只西瓜或南瓜。在你收获果实后,梗会保留下来,而生长周期也将重新开始。

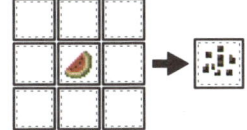

西瓜种子合成配方 **南瓜种子合成配方**

西瓜种子可由西瓜片合成,有时也可在箱子中发现。

南瓜种子可由南瓜合成,有时也可在箱子中发现。

蘑菇

蘑菇只在亮度12或以下的环境中生长,除非将它种植在菌丝或灰化土上(灰化土是泥土的变种,只存在于针叶林群系)。栽种完毕后,蘑菇会向符合其亮度条件的方块传播,只要在9×9的区域内存在少于5个同种的蘑菇即可。

菌丝 灰化土

采矿

采矿是一项棘手的工作，但如果你想要得到稀有而实用的材料，这即是切实可行的途径。许多罕见的物品都藏在这个世界的地表之下，而且只能使用特定的工具挖掘。

黄金法则

遵循这些黄金法则就能安全进入地下，并且保证在你回到地面时满载着各类所需物资。

1. 整备你的物品栏。在地下你会需要木头来合成更多工具及火把。此外还需准备大量食物，保证你的生命值能随时得到恢复。

2. 永远不要垂直向上或向下挖掘。这是《我的世界》的首要法则——如果直接挖开脚底正下方，你可能会坠入熔岩或是挤满敌对生物的洞穴。如果直接挖开头顶正上方，你的结局也许是被熔岩流吞没，或者在水中淹溺。最惨的是被沙子或沙砾活埋，动弹不得窒息而亡。

3. 在向下探索的同时留下一串火把轨迹，帮助你找到回去的路。永远沿着同一侧铺设火把路径。

4. 找到一个天然生成的洞穴系统，通过它你就能前往地下深处，省去你大量的挖掘工作。

5 在岩壁上行走时采用潜行功能——这能防止你从边缘不慎跌落。详见第8-10页回顾在你的游戏版本中潜行的方法。

6 在你的快捷栏中常备一只水桶，这样一旦你意外坠入熔岩，就能及时给自己灭火。

7 竖起你的耳朵。如果你听见潺潺的水流或是冒泡的熔岩就该加倍小心。蝙蝠的鸣叫代表周围有洞穴存在。

8 带上一组梯子能帮你既快速又安全地回到地面。

挖掘矿石

《我的世界》中最珍贵的方块可于地下深处发现,那里相当接近世界的底部。稀有矿石生成于高度低于32的地层,那里黑暗的环境随处可滋生敌对生物,熔岩也是不可忽视的威胁。你将需要铁镐或者更好的工具才能采集绝大多数矿石。

> **小知识**
>
> 挖矿的最佳高度介于y=10到y=15之间,因为所有的矿石都生成于这一带的地层。切记在下行时留意自己的坐标。

金矿石

金矿石可见于高度32及以下地层,以4-8块分布形成矿脉,被开采后会以原本的矿石形态掉落。你需要将它放进熔炉来冶炼出金锭。金可用来合成盔甲、工具和武器,此外还有金苹果、钟及充能铁轨。

红石矿石

红石矿石可见于高度16及以下地层,以4-8块分布形成矿脉。被开采后,每块矿石会掉落4-5颗红石。红石可像电线一样传输信号,以及用来合成多种物品,例如钟、指南针和充能铁轨。

青金石矿石

青金石矿石可见于高度31及以下地层，以1–10块分布形成矿脉。使用石镐或更高级的工具开采时，每块矿石会掉落4–8片青金石。青金石可用于附魔或者制成染料。

钻石矿石

钻石矿石可见于高度16及以下地层，以1–10块分布形成矿脉。每块钻石矿石会掉落1颗钻石。钻石可用来合成最耐用的工具、武器和盔甲，此外还有唱片机和附魔台。

32

17

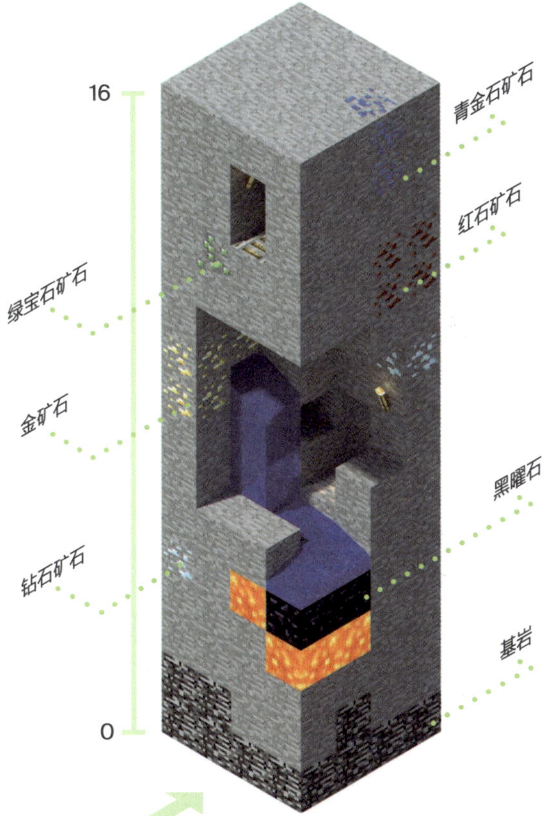

16

0

绿宝石矿石

金矿石

钻石矿石

青金石矿石

红石矿石

黑曜石

基岩

绿宝石矿石

绿宝石矿石可见于峭壁群系中高度4–32的地层，被开采后会掉落1颗绿宝石。绿宝石可用于村民交易。详见第47页中的更多信息。它们还能够合成装饰性的绿宝石块。

你知道吗？

黑曜石常见于邻近世界底部，流水与熔岩源头交汇之处。它是生存模式中最坚硬的可开采方块，也是唯一只能用钻石镐挖掘的方块。你会需要用它来搭建下界传送门以及合成附魔台。

战斗

除了选择和平难度之外,生存模式让你不得不为了生存而奋战。虽然《我的世界》中的高手会使用药水和魔咒增强他们的战斗力,但只要遵循以下基础战斗指导,你也能独当一面。

基础战斗

你需要几样关键物品来保护自己,对抗敌对生物或敌方玩家。这些合成配方会给你一个战斗的机会。

用木板、圆石、铁锭、金锭或钻石打造一把剑,向你的对手挥砍造成伤害。

斧每次击打造成的伤害高于剑,但它需要更长的冷却时间。

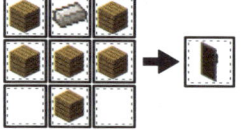

盾牌合成配方

盾牌使你能够抵挡攻击,降低自身承受的伤害,但移动速度将减缓至与潜行相同。

MOJANG 逸闻

在挥出武器前先腾空跳起,这样能造成高于普通攻击50%伤害的暴击。

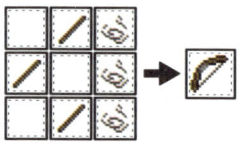

弓合成配方

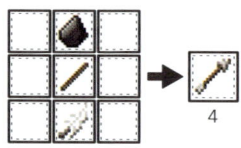

箭合成配方

你知道吗?

你需要线来合成弓。蜘蛛死亡后有概率掉落线,此外由于废弃矿井是洞穴蜘蛛的巢穴,那里也是线的富集地。只要找到一些蜘蛛网,然后用剑把它们斩断即可。

你可以用弓和箭在安全的距离射击敌对生物或敌方玩家。

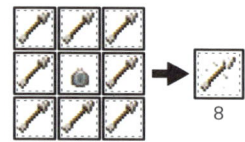

药箭合成配方 8

药箭即是在箭头涂抹药水,并且通过命中目标就能施加药水的效果。你可以酿造药水作为药箭原料,女巫在死亡后有时也会掉落它们。

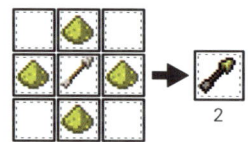

光灵箭合成配方 2

光灵箭能对你的目标施加长达10秒的发光效果,因此即使隔着非透明方块也清晰可见。荧石粉可见于下界,有时女巫也会掉落。

盔甲

为了保护自身抵御伤害，你可以合成全套盔甲——头盔、胸甲、护腿和靴子，可选用皮革、铁锭、金锭或钻石，所需每种材料共24份。不同的质地为你提供的防御点数有所差异：皮革最脆弱，而钻石最坚硬。

> **你知道吗？**
>
> 将南瓜装备到你的头盔槽中，就能把它穿戴在头上。当你对付末影人时这将发挥奇效，详见第51页中的更多细节。

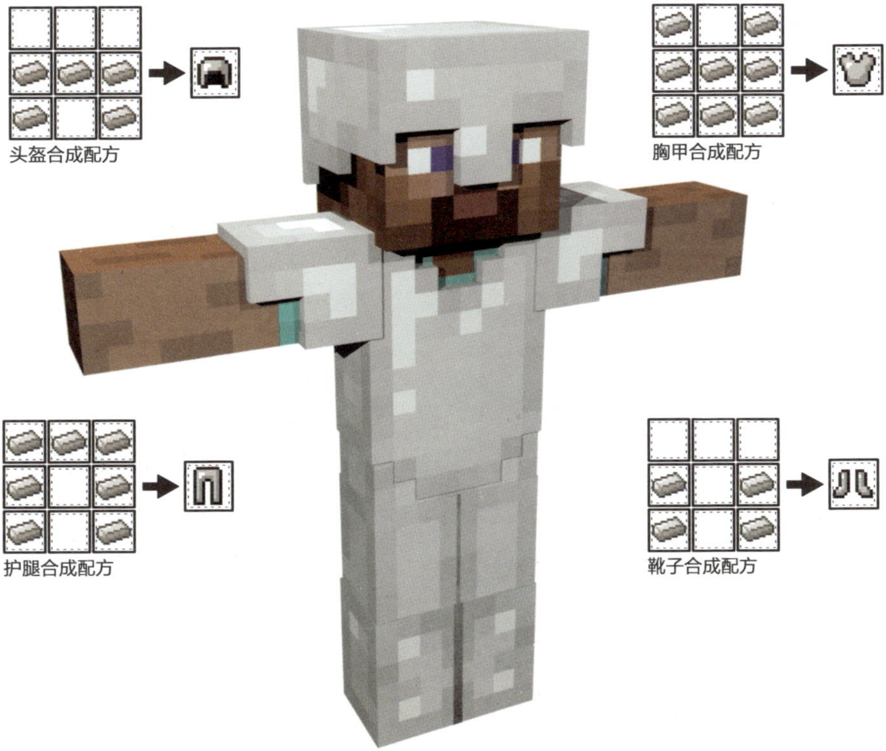

头盔合成配方

胸甲合成配方

护腿合成配方

靴子合成配方

当你合成盔甲之后，开启物品栏并且找到4格盔甲槽。将你的盔甲装备于此，然后它将会出现在你的身体上，并且盔甲条也会在生命值上方显示。通过关注防御点数来了解所剩的耐久度——当盔甲吸收伤害时它会逐渐减少，最终你只能二选一：合成一套新盔甲或是用铁砧修补。

盔甲能够抵御以下伤害：

升级你的庇护所

既然采矿和打怪收获颇丰,而且你的物品栏也塞满了实用的方块和物品,一切都已准备就绪,静候你去使用。现在该是升级庇护所的时候了,这样你就能拥有一座安全的基地为接下来的冒险做好准备了。

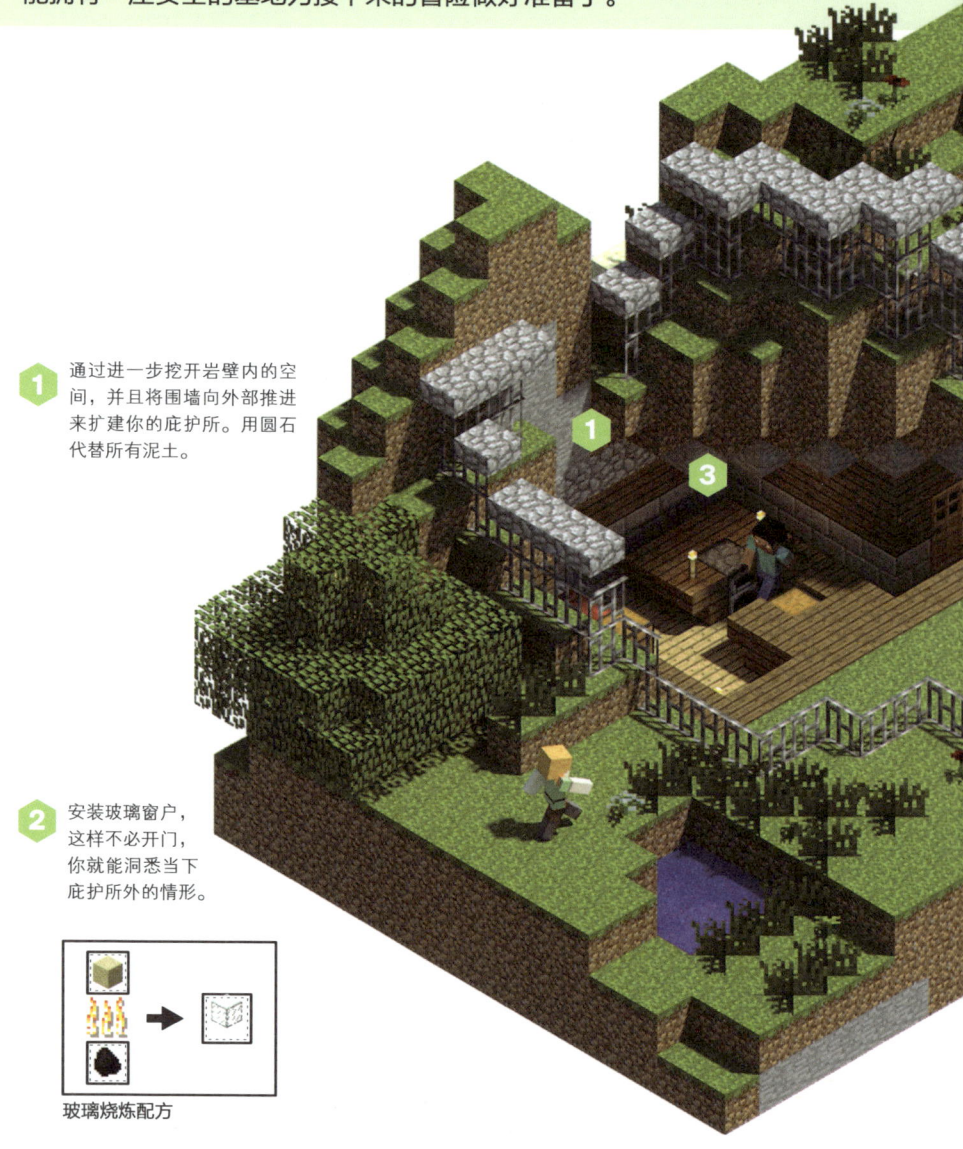

1. 通过进一步挖开岩壁内的空间,并且将围墙向外部推进来扩建你的庇护所。用圆石代替所有泥土。

2. 安装玻璃窗户,这样不必开门,你就能洞悉当下庇护所外的情形。

玻璃烧炼配方

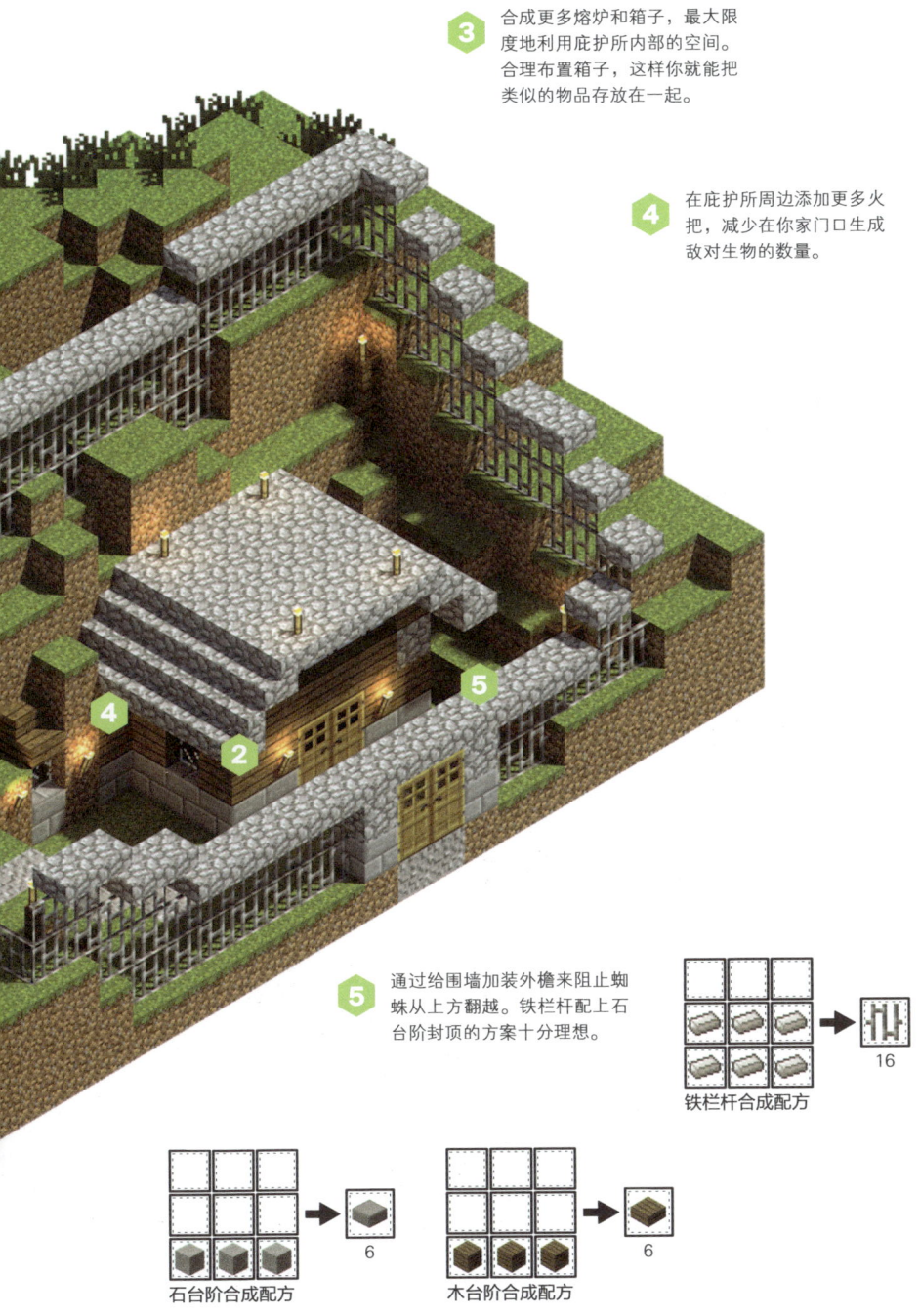

3 合成更多熔炉和箱子,最大限度地利用庇护所内部的空间。合理布置箱子,这样你就能把类似的物品存放在一起。

4 在庇护所周边添加更多火把,减少在你家门口生成敌对生物的数量。

5 通过给围墙加装外檐来阻止蜘蛛从上方翻越。铁栏杆配上石台阶封顶的方案十分理想。

铁栏杆合成配方 16

石台阶合成配方 6

木台阶合成配方 6

导航

在这广袤无垠的地平线上,有一整个世界等待你用脚步丈量——无论是丰富的资源和稀世珍宝,还是你此前从未见过的怪异生物,每逢新奇的生物群系总让人血脉偾张。然而长途跋涉很容易迷失方向,所以在出发前你要确保自己有所准备。

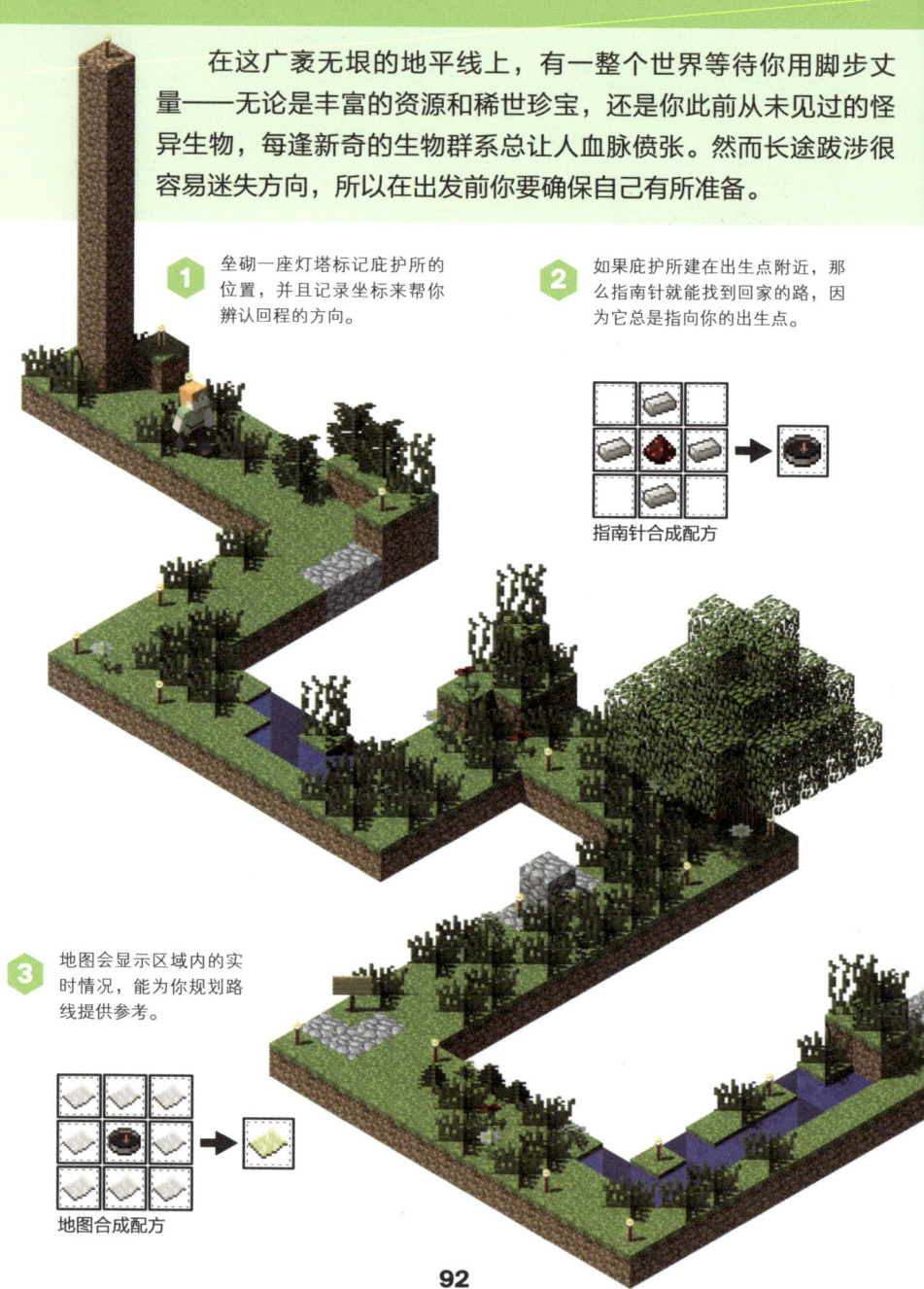

① 垒砌一座灯塔标记庇护所的位置,并且记录坐标来帮你辨认回程的方向。

② 如果庇护所建在出生点附近,那么指南针就能找到回家的路,因为它总是指向你的出生点。

指南针合成配方

③ 地图会显示区域内的实时情况,能为你规划路线提供参考。

地图合成配方

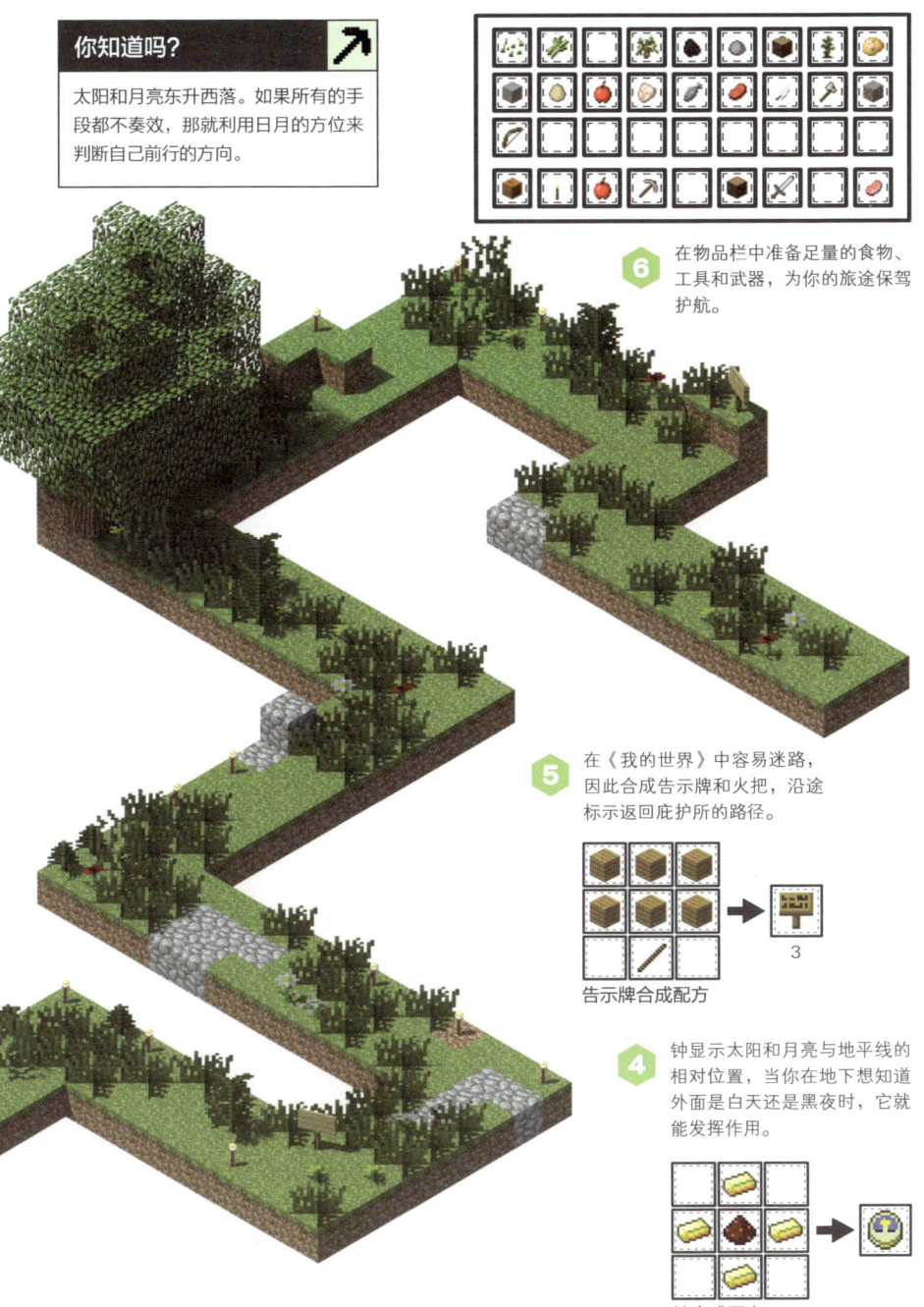

你知道吗？

太阳和月亮东升西落。如果所有的手段都不奏效，那就利用日月的方位来判断自己前行的方向。

6 在物品栏中准备足量的食物、工具和武器，为你的旅途保驾护航。

5 在《我的世界》中容易迷路，因此合成告示牌和火把，沿途标示返回庇护所的路径。

告示牌合成配方

4 钟显示太阳和月亮与地平线的相对位置，当你在地下想知道外面是白天还是黑夜时，它就能发挥作用。

钟合成配方

终篇寄语

恭喜！你已成功抵达《探索指南》的终点。谨记读过的一切，你就能成为名副其实的大师。无论面对主世界的挑战，还是身陷下界中的困境，你都能从容应对，生存并超越自己的极限。《我的世界》感谢有你！

欧文·琼斯
MOJANG 团队

未成年玩家网络隐私安全

在服务器上进行《我的世界》多人游戏十分有趣！以下几条简单规则可以保护未成年玩家的隐私安全，让你在《我的世界》中尽情畅玩：
- 永远不要透露你的真实姓名——不要把真实姓名用作用户名。
- 永远不要透露任何你的个人信息。
- 永远不要告诉任何人你所就读的学校或者你的年龄。
- 永远不要把你的密码告诉除了父母或监护人以外的任何人。
- 请注意，你必须13岁以上才可以在许多网站创建账户。在注册前，请先查阅网站声明并征求父母或监护人同意。
- 如果你遇到什么麻烦，请一定要告诉父母或监护人。

保护网络隐私安全。本书中列出的任何网站地址在印刷时都是正确的。但是童趣出版有限公司对于第三方网站提供的内容不负责任。请注意网站的内容可能包含不利于青少年身心健康的信息，也可能随时变更信息。我们建议未成年人在监护人陪同下使用互联网。